Almut Carlitscheck
Sven-David Müller-Nothmann

Glück

Almut Carlitscheck
Sven-David Müller-Nothmann

Glück
So genießen Sie jeden Tag

unter Mitarbeit von
Dr. med. Christoph Carlitscheck

schlütersche

Bibliografische Information der Deutschen Nationalbibliothek

Die Deutsche Nationalbibliothek verzeichnet diese Publikation in der Deutschen Nationalbibliografie; detaillierte bibliografische Daten sind im Internet über http://dnb.ddb.de abrufbar.

ISBN 978-3-89993-548-6

Anschrift der Autoren
Sven-David Müller-Nothmann und Almut Carlitscheck
Wielandstraße 3
10625 Berlin
almutcarlitscheck@web.de
info@svendavidmueller.de

Fotos:
Monika Adamczyk 73; Ahmed Aboul-Seoud 19;
Yuri Arcurs 7 (unten), 17, 36, 43, 45, 50, Titelbild; Julien BASTIDE 7 (oben, 2. v. l.), 16;
William Berry 102; Eva Blanda 25; Brebca 116; Sandra Brunsch 112 (unten); Danil Chepko 107;
Kaz Chiba 27; xavier couderc 23; elemental imaging 79; ELEN 55; Elena Elisseeva 85;
Dmitry Ersler 13; Farmer 33; foto.fritz 61; Dmitry Galanternik 91; getty images 83; godfer 113;
Indigo hintere Klappe, innen; iofoto 59; Irata 7 (oben, 2. von oben), 15;
Adam Jastrzębowski 103; Christian Jung 101; Ben Keith 31; khz 7 (oben rechts), 14;
Pavel Losevsky 21; makuba 57; Mikhail Matsonashvili 6; Gino Santa Maria 63;
MEV 65, 67, 100; milosluz 104; OlgaLIS 105; Shannon Parker 53; Davide Pastore 81;
philpictore 7 (oben, l.), 76/77; photo-dave 24; photoGraPHie 69; quayside 93;
Anette Linnea Rasmussen 20, 35, 75, 117, vordere Klappe, außen; Andres Rodriguez 71;
rolphoto 49; Torsten Schon 8; Tero Sivula 115; skyf 112 (oben); Otmar Smit 95;
Carmen Steiner 108; SyB 89, 98; Ingo Wandmacher 87, 109; David Wood 110/111;
vlas2002 29; Ocram Zenemij 99

Abkürzungen:

a. D.	=	aus der Dose	kg	=	Kilogramm
EL	=	Esslöffel	kJ	=	Kilojoule (4,18 Kilojoule = 1 Kilokalorie)
e. V.	=	eingetragener Verein	mg	=	Milligramm
g	=	Gramm	ml	=	Milliliter
I. E.	=	Internationale Einheiten (Mengenangabe)	Pck.	=	Päckchen
			Pr.	=	Prise
kcal	=	Kilokalorien	TL	=	TL

© 2008 Schlütersche Verlagsgesellschaft mbH & Co. KG, Hans-Böckler-Allee 7, 30173 Hannover

Alle Rechte vorbehalten. Das Werk ist urheberrechtlich geschützt. Jede Verwertung außerhalb der gesetzlich geregelten Fälle muss vom Verlag schriftlich genehmigt werden.

Gestaltung: Schlütersche Verlagsgesellschaft mbH & Co. KG
Satz: Die Feder GmbH, Wetzlar
Druck und Bindung: Schlütersche Druck GmbH & Co. KG; Langenhagen

*Mit Dankbarkeit widme ich das Glücksbuch meiner Lehrerin Ursel Neef,
die mich auf den Entspannungsweg gebracht hat.*
Almut Carlitscheck

*Dieses Buch widme ich dem Arminosäurenforscher Professor Jürgen Spona,
der bewies, dass Aminosäuren Depressionen lindern können
und daher Wegbereiter des Glücks sind.*
Sven-David Müller-Nothmann

Inhalt

Vorwort 9

Geleitwort 11

1 Was ist Glück? 13
Menschen nehmen ihr Glück
nicht wahr 18
Hoher Anspruch an das Glück
und die Selbstverständlichkeit
von Unglück 18
Menschen unternehmen nichts
gegen ihr Unglücklichsein 20
Wie wird man glücklich? 21
Glück lässt sich lernen 21
Entspannung 22

2 Was wissen wir vom Glück? 25
Glück in der Philosophie
der Antike 26
Glück in der Philosophie
der Moderne 30

3 Bedingungen des Glücks – ein Glückstest 35

4 Glücksübungen 43
Verankern Sie einen glücklichen
Moment 44
Fünf Fragen zum Glück 46
Die Freiheit, uns glücklich zu
fühlen 48
Wenden Sie Ihren Blick und
sammeln Sie Ihr Glück........... 52
Atmung ist unser Lebenselixier.... 56
Tanzen weckt die Lebensgeister ... 63
Kreativität bringt Inneres zum
Ausdruck 66
Mit allen Sinnen genießen 71
Glück bedeutet Loslassen 76

5 Glücksvitamine: Essen Sie sich glücklich! 83
So macht Essen glücklich 84
Geschmack und Konsistenz 84
Wichtig sind Folsäure und
Vitamin B1................... 88
Serotonin hebt die Stimmung 90
Stimmungsstimulans Schokolade .. 92
Warum die Menschen Fett
lieben 93
Lipamine stärken das Gehirn 94
Proteine und Aminosäuren sind
Schlüssel zum Glück 94
Fisch macht glücklich 99
Würzen Sie sich froh! 100

6 Glücksrezepte........101
Gewürzkaffee 102
Paradies-Kefir-Shake mit Chili.....102
Erdbeersalat mit Pfeffer-Sahne 104
Schokoladenpudding mit
Sauerkirschen 105
Pikanter Brotaufstrich 106
Rukola-Trauben-Nuss-Salat mit
Limetten-Rosinen-Dressing 106
Grapefruit-Bananen-Himbeer-Salat
mit Hüttenkäse-Topping 108
Putengeschnetzeltes mit Orangen-
Limettensauce, Sesamreis und
Haselnuss-Broccoli 110
Mit Chili, Kakao und Limette
ins Glück 111

7 Glückstag 113
10 kleine Glückstipps 117

8 Rat und Tat...........119
Adressen 119
Lesetipps....................119

Autoreninfo.............121

Register.................123

Vorwort

Liebe Leserin, lieber Leser,

in den Buchhandlungen türmen sich die Bücher zum Thema Glück. Wozu also dieses Buch? Was gibt es in diesem Buch, was Sie in anderen Büchern nicht finden? Dieses Buch bietet Ihnen die direkte Anwendbarkeit von Glück in Ihrem Alltag. Es ist keine weitere Philosophie über das Glück und es gibt auch keine Allgemeinwahrheiten wie „Seien Sie gelassener" zum Besten. Hier lernen Sie, wie es geht!

Wir alle können unser Glück in die Hände nehmen und kleine Glücksschritte gehen. Alle hier vorgestellten Übungen sowie Rezepte sind direkt um- und einsetzbar. Sie müssen nur noch aufstehen und loslegen. Bleiben Sie nicht auf Ihrem Sofa im Jammertal sitzen, sondern handeln Sie! Jetzt! Haben Sie dieses Buch gelesen und nichts davon ausprobiert, wollen wir Sie nie wieder über Ihr Unglück schimpfen hören. Wir versprechen Ihnen keine Millionen, keinen Lottogewinn, kein schnelles, großes und prestigeträchtiges Auto, keine Weltreise, keinen Luxus; und auch nicht, dass das Unschöne aus Ihrem Leben verschwindet, Trauriges und Beängstigendes können wir nicht wegzaubern. Aber dieses Buch bietet Ihnen viele kleine Glücksmomente und es lehrt Sie, Ihr Glück zu leben. Die Übungen und Rezepte können zu einem täglichen Ritual werden, das den Tag bereichert wie das Salz die Suppe.

Mit Hilfe eines Glückstests erfahren Sie, wie Sie mehr Glück in Ihr Leben lassen können. Wo fehlt es an Glücksvitaminen? Finden Sie es heraus und genießen Sie mit allen Sinnen! Und das im wahrsten Sinne des Wortes, denn dieses Buch berührt Sie nicht nur emotional, sondern auch kulinarisch. Es spricht alle Sinne an und vermittelt auch Ihrem Gaumen einen Glücksschmaus.

Jeden Tag können wir an unserem Glück arbeiten. Der erste Schritt ist, dafür zu sorgen, dass wir uns wohl fühlen, dass wir uns gute Momente verschaffen und uns gut um uns kümmern. Dann können wir lernen, unser Glück wahrzunehmen. In diesem Buch finden Sie viele Anregungen, diesen ersten Schritt zu gehen – kleine Glücksanreger, mit denen Sie sich etwas Gutes tun können.

Menschen wünschen sich Glück, das sie ein Stückchen aus ihrem Alltag herausnimmt. Wir wünschen Ihnen jedoch, dass das Glück Teil Ihres Alltags wird. Glück ist keine verrückte und seltene Zauberei. Jeder kann glücklich sein. Wie das geht, zeigt Ihnen dieses Buch.

An dieser Stelle bedanken wir uns sehr herzlich bei Christoph Carlitscheck für seine medizinischen Ausführungen.

Ihr
Sven-David Müller-Nothmann

Ihre
Almut Carlitscheck

Geleitwort

Liebe Leserin, lieber Leser,

es ist mir eine besondere Freude und eine große Ehre, Widmungsträger des vorliegenden Buches zu sein. Bücher wie dieses sind gerade in unserer Zeit von unschätzbarem Wert: Es gibt viele Titel, die das ewige Thema der menschlichen Sehnsucht behandeln. Einige legen den Schwerpunkt auf den körperlichen Aspekt, während andere das Hauptaugenmerk auf der seelischen Komponente haben.

Da wir aus Körper und Seele bestehen, ist es aber ganz besonders wichtig, beide Komponenten gleichermaßen zu beleuchten. Dies ist das Besondere und Revolutionäre an dem vorliegenden Buch. Beide Begriffe kann man zwar sehr wohl unterscheiden, aber natürlich niemals trennen. Unser Körper ist ein Instrument, mit dem wir durchs Leben gehen. Da drängt sich ein Vergleich mit einem wertvollen Musikinstrument geradezu auf: Auch der beste Musiker kann keine gute Musik machen, wenn sein Instrument nicht richtig gestimmt ist. Auf der anderen Seite nützt ein tolles Instrument allein auch nichts; es bedarf zur vollendeten Musik genauso der mentalen Fähigkeiten, nur so kann ein harmonisches Ganzes entstehen.

Mittlerweile gibt es eine wissenschaftliche Glücksforschung, die versucht, diesem Begriff objektive Kriterien zugrunde zu legen. Natürlich wird man bei der Befragung verschiedener Personen nach ihrer Definition von Glück auch viele spontane Definitionen erhalten – denn letztlich bedeutet Glück für jeden Einzelnen ja auch etwas anderes.

Eine gemeinsame Linie, ein kleinstes gemeinsames Vielfaches sozusagen, kristallisiert sich aber doch heraus: *Mit sich und der Welt einig sein, sich aktiv mittragen lassen gewissermaßen.* Ein wunderbares Beispiel dafür ist zweifellos unser Autor Sven-David Müller-Nothmann. Er hat sich in der Vergangenheit immer wieder den verschiedensten Herausforderungen gestellt, etwaige Neuerungen kritisch überprüft und, wenn sie seinen Ansprüchen standhielten, diese in sein breites Wissen integriert und damit gearbeitet. Und das immer ohne Kompromisse in Hinblick auf die Qualität.

Lassen wir uns also inspirieren von den vielen Tipps und Ratschlägen, denen wir auf den folgenden Seiten begegnen werden, und lernen wir damit eine ganz neue Facette der alten Volksweisheit kennen: Jeder ist seines Glückes Schmied!

Professor Dr. Jürgen Spona
Biochemiker,
Sportwissenschaftler

Was ist Glück?

1

Das Wort „Glück" leitet sich vom mittelhochdeutschen Wort „Gelücke" ab. Diese Form ist auf das Verb „gelingen" zurückzuführen, das wiederum von „leicht" kommt. Glück bezeichnet demnach das Gelungene, das leicht Erreichte.

Wir kennen viele Glücksarten. Es gibt das plötzliche Glück, das unvorhergesehen in unser Leben tritt – schöne, erfreuliche, aber unerwartete Ereignisse. Wie zum Beispiel ein Anruf vom Chef, der das Meeting absagt, und vor uns liegt ein freier, entspannter Nachmittag. Aber auch eine kurze Begegnung mit einem geliebten Menschen, den Sie länger nicht gesehen haben, ist ein unvorhergesehener Glücksmoment. Dieses Glück lässt sich nicht planen und auch wenig beeinflussen. Erst wenn es eingetreten ist, ist es an uns, das Ereignis als Glück wahrzunehmen und etwas daraus zu machen. Eine weitere Glücksart ist die gute Wendung. Ein Projekt im Büro, das einfach nicht klappen will und plötzlich hat jemand die zündende Idee. Dann empfinden wir Glück. Ein Tag, der mit Stress und schlechter Laune begonnen hat, kann sich durch ein schönes Gespräch oder ein gutes Essen noch zu einem Glückstag entwickeln. Das Leben eines

Arbeitslosen nimmt durch das Finden einer guten Stelle eine glückliche Wendung. Auch das Erleben eines ganz besonderen Moments – die Geburt eines Kindes, eine schöne Feier, ein Naturereignis etc. – sind Augenblicke des Glücks. Jeder von uns empfindet sicher seine ganz eigenen „besonderen Momente". Und eine weitere Glücksart sind lang ersehnte Momente, etwas, was wir lange schon vorbereitet haben oder uns innerlich ausgemalt haben. Feste wie Weihnachten oder auch Geburtstage oder Examensfeiern können solche Ereignisse sein. Aber auch der Freitagnachmittag, wenn endlich ein freies Wochenende beginnt, ist für viele ein solcher Glücksmoment.

Finden Sie Beispiele aus Ihrem Leben für all diese Glücksarten! Überlegen Sie – nach und nach wird Ihnen eine ganze Sammlung von verschiedenen Glücksmomenten einfallen!

Jeder Mensch hat seine eigene Glücksgeschichte und seine eigene Definition von Glück, nicht alles gilt für jeden. Wovon der eine träumt, ist für den anderen weniger wichtig. Der eine ist froh, mal einen Moment für sich alleine zu sein, der andere sehnt sich nach Gesellschaft und sozialer Zugehörigkeit. Wichtig ist, sein ureigenes Glück zu finden und herauszufinden, was uns glücklich macht oder unser Glück verhindert.

Oft überlassen wir unser Glück dem Zufall. „Da habe ich ja noch einmal Glück gehabt", meint eine spontane, positive Wendung. Doch Spontanes sowie Überraschendes lässt sich nicht selbst hervorrufen. Darin liegt genau das Glücksempfinden, dass wir vorher nicht wissen, was passiert, wie etwas ausgeht und was eintritt. Es bleibt die Hoffnung darauf, dass plötzlich das Glück vor unserer Tür steht. Doch dies ist nicht das Einzige, was wir für unser Glück tun können. Wir können die Bedingungen schaffen, unter denen ein solches Glück eintreten kann. Wir können unsere Wahrnehmung schulen, so dass wir das Glück bemerken, wenn es eintritt, wir können lernen, uns diesem Gefühl hinzugeben und ihm Platz in unserem Leben geben, und wir können Dinge bearbeiten und loslassen, die uns unglücklich machen.

Glück ist aber nicht nur ein schönes, kostbares Ereignis oder ein guter Augenblick. Glück ist nicht nur etwas, was von außen in Ihr Leben kommt, das stattfindet, sondern es beschreibt vielmehr einen Zustand, wie sich das Leben anfühlen kann und den Sie als Glück empfinden.

Alles, was jetzt in Ihrem Leben ist, fühlt sich anders an, lässt sich anders leben, wenn Sie glücklich sind. Dazu müssen Sie nicht erst Ihr Leben ändern.

Beispiel: Einen Menschen, der frisch verliebt und glücklich ist, scheint auch die stressigste Arbeit fröhlich zu stimmen, über die er eine Woche zuvor noch geschimpft hat. Glück kann durch ein Ereignis, eine positive Überraschung, einen schönen Augenblick ausgelöst werden – aber ob wir es wahrnehmen, uns diesem Gefühl hingeben und ob wir das eine glückliche Ereignis ausweiten auf unser Leben und mitnehmen in unseren Alltag, liegt an uns. Ein schönes Konzert am Abend hat dann einen besonderen Glückswert, wenn wir noch Tage später glücklich daran denken und es uns beschwingter den Alltag bewältigen lässt. Und nicht, wenn wir wehmütig feststellen, dass es vorbei ist und nicht jeden Tag ein solches Konzert stattfindet.

Was ist es, das die Menschen glücklich macht? Oft werden große Worte genannt wie Freiheit, Verantwortung, Liebe, Füreinanderdasein und Selbstbestimmtheit. Aber auch Greifbares wie Geld, Autos, Arbeitsstellen oder Luxus zählen zu Glücksgütern. Auch kleine Dinge machen uns glücklich, ein liebes Wort, ein kleines Geschenk, ein sonniger Tag. Wenn das auch noch unerwartet eintritt, können wir unser Glück kaum fassen.

Glück sind nicht nur Großereignisse, wie die Klassiker, eine Million zu gewinnen, ein schnelles Auto zu fahren oder eine weite Reise zu machen – auch wenn der Moment, in dem wir von dem Millionengewinn erfahren, sicher ein Glücksmoment sein kann. Bestenfalls pflegen diese Dinge unser Image und verschaffen uns Prestige. Doch das Leben auf diese Dinge hin auszurichten und darauf zu bauen, dass diese Dinge es sind, die uns glücklich machen, wäre fatal. Es kann sein, dass sie niemals eintreten und dann können Sie behaupten, das Leben hätte Ihnen kein Glück beschert.

Der Umgang mit Glück ist sehr verschieden. Viele können in Kleinigkeiten das große Glück erkennen, andere müssen schon ganz schön experimentieren und Risiken eingehen, um Glück zu empfinden. Die einen haben lebendige Glückserinnerungen, die anderen Glücksvisionen. Der eine erzählt jedem, was ihm Gutes widerfahren ist, der andere ist stiller Genießer.

In schwierigen Zeiten merken wir oft erst wenn sie vorbei sind, welches Glück wir hatten. Zum Beispiel, wenn wir dazugelernt haben, innerlich gewachsen sind oder unerwartete Hilfe erfahren haben.

Sie haben Glück, wenn Ihnen etwas Positives widerfährt. Wann sprechen Sie aber von Glücklichsein? Glücklich zu sein, was bedeutet Ihnen das? Häufig sagen wir in Momenten des Wohlbefindens, dass wir glücklich sind. Ein Glücksmoment hat eine kurze Zeitdauer, wie ein gutes Essen oder Freunde zu treffen. Glücklich sein könnte man als die Ansammlung vieler dieser Glücksmomente bezeichnen. Wir empfinden Glück über einen längeren Zeitraum, sind zufrieden

mit unserem Leben und befinden uns in einer insgesamt guten Lebenslage.

Der schlimmste Feind jeden Glücks ist der Neid. Sie haben sich eine schöne neue Lederjacke gekauft und sind überglücklich, in dem Moment geht jemand anders mit einer noch nobleren oder schickeren Jacke an Ihnen vorbei – aus. Ihr Glück hat einen Riss bekommen. Jeder Vergleich vermiest das eigene Glück. Daher ist es so wichtig, das Glück nicht im Außen zu suchen, sondern bei sich. Wir sollten vom eigenen Glück überzeugt sein.

Menschen nehmen ihr Glück nicht wahr

Was brauchen wir, um Glück als Glück wahrzunehmen? Das Glück scheint immer da zu sein, wo wir gerade nicht sind. Und doch, gerade dieses Vermissen von Glück – etwa, wenn wir Angst haben oder uns Sorgen machen, lässt in uns eine Vorstellung über das Glück wachsen und uns nach Glück sehnen. Wir brauchen beides, Glück gibt es nicht ohne sein Gegenteil, ohne Angst. Jeder von uns erinnert sich wahrscheinlich an eine schwierige oder beängstigende Situation, die frisch überstanden starke Glücksgefühle auslösen kann, etwa eine Prüfungssituation. Oft wird erst durch Schweres das Glück sichtbar.

Zudem verhindert unser Lebenstempo, dass wir Glück wahrnehmen. Wir rasen durch unseren Alltag und haben dabei keine Zeit, unser Glück zu sehen. Wir sind so voller Planungen, Sorgen und Gedanken, dass es schwerfällt, Glück zu erkennen und zu empfinden. Selbst abends auf dem Sofa, wenn wir glücklich einen warmen Kakao trinken, unseren Lieblingsfilm auf DVD gucken oder wenn wir unsere Freundin anrufen, könnten wir glücklich sein – Wir tun es nicht, sondern stöhnen vor uns hin, wie anstrengend der Tag gewesen ist oder der nächste wird. Wir sind nicht in der Lage, das Jetzt wahrzunehmen – wir kleben in der Vergangenheit oder denken an morgen. Aber Emotionen wie Glück finden in der Gegenwart statt und lassen sich nur in ihr wahrnehmen und erleben. Selbst schöne Erinnerungen lösen Glück im Jetzt aus. Wenn wir uns auf etwas freuen, empfinden wir das Glück ebenso im Jetzt.

Hoher Anspruch an das Glück und die Selbstverständlichkeit von Unglück

Wenn wir kein Glück in unserem Leben empfinden, liegt es vielleicht an den unrealistischen Ansprüchen, die wir an das Glück stellen. Es soll möglichst dauerhaft spürbar und offensichtlich sein, uns von allem Negativen befreien, Unglück von uns fernhalten sowie wandelbar – je nach aktuellen, eigenen Wünschen und Bedürfnissen – und doch auch beständig sein, damit es für uns greifbar bleibt. Am besten wäre es, es könnte sich jeden Tag spontan und wie durch Zauberhand an unsere Tagesverfassung anpassen. Glück scheint nur etwas für glückliche Menschen zu sein – für Menschen, die gesund sind, Arbeit haben oder nicht mehr arbeiten müssen, Menschen, die all das besitzen oder machen, wovon wir schon lange träumen, Menschen, die verliebt sind, Menschen, die in der Öffentlichkeit stehen usw. Mit uns scheint Glück nichts zu tun haben. Ganz anders sieht das beim Unglück aus: Es scheint sich hartnäckig an uns zu klammern, von selbst immer wieder zu erscheinen, wir sind Opfer, es überkommt uns. Es erfüllt wohl all das, was Glück uns nicht bieten kann.

Doch wer nicht glücklich ist, wird es auch nicht, wenn ihm Großes oder Gutes widerfährt, wenn er zum Beispiel einen Arbeitsplatz findet oder unerwartet zu Geld kommt. Das Glück hat dann lediglich seine Aufgabe erfüllt, mehr nicht. Wer nicht fest von seinem persönlichen Glücksweg überzeugt ist, wird ihn nicht finden. In diesem Buch erfahren Sie, wo Sie ihn suchen können.

Menschen unternehmen nichts gegen ihr Unglücklichsein

Unglück scheint selbstverständlich zu sein, wogegen Glück eben Glück ist – im Sinne von Zufall und Schicksal. Wenn Sie Menschen fragen, ob sie zufrieden mit ihrem Leben sind, werden die meisten antworten „Och, im Großen und Ganzen schon". Wenn Sie dann weiter fragen „Sind Sie glücklich?" folgt mit großer Wahrscheinlichkeit eine Auflistung von Dingen, die besser sein könnten, die schwierig oder unangenehm sind. Dabei liegt das Glück in Ihrer Hand! Vieles macht die Menschen tief unglücklich: Arbeitslosigkeit, Tod eines nahen Angehörigen oder Freundes, finanzielle Sorgen, Krankheit, oder auch Alltägliches wie Stress und Streit. All das scheint Glück auszuschließen und fern unserer Einflussnahme zu sein. Doch selbstverständlich können Sie dennoch für Ihr Glück sorgen, für Glücksmomente, die Ihnen Ihr Leben erleichtern und beschwingen. Die Frage ist nicht, ob es möglich ist, sondern ob Sie das wollen. Oft sitzen

Schmerz, Trauer und Angst so tief, dass wir uns nicht mehr auf Gutes einlassen können und es auch nicht wollen. Wir erlauben es uns nicht und schließen Glücklichsein für uns aus. Wir sitzen auf dem Sofa und sind frustriert, handeln nicht und tun uns selbst wahrscheinlich sehr leid. Dabei könnten wir uns etwas Gutes gönnen, uns in eine warme Decke wickeln, unsere Lieblingsmusik hören oder raus an die frische Luft gehen. Das macht nicht glücklich? Doch, es sorgt für die Bedingung Nummer eins Ihres Glücks: Sie werden aktiv, handeln und stoßen die Tür zu Ihrem Glück auf.

Wie wird man glücklich?

Jeder kann glücklich sein, wenn wir davon Abstand nehmen, dass Glück mit äußeren Bedingungen zu tun hat. Sicher, eine äußerlich gesicherte Existenz scheint Glück in unserer Gesellschaft zu erleichtern, Menschen, die uns zur freien Verfügung stehen und nach unserer Nase tanzen, sind auch sehr angenehm, und wenn alles immer so bliebe, wie es uns vertraut ist, wäre Glück auch viel leichter. Aber Leben hängt eng zusammen mit Lebendigkeit. Lebendig sein bedeutet unterwegs zu sein, in Bewegung. Und bewegen verändert die Dinge. Leben ist niemals statisch. Wir sollten uns ein wenig mitbewegen, wenn wir nicht wollen, dass uns das Glück aus den Händen entrinnt. Da liegt es nämlich drin. Glück entsteht ausschließlich aus eigenem Handeln. Frustriert auf dem Sofa sitzen und jammern wird Ihnen nicht das Ersehnte bringen. Selbst mit dem Lottogewinn, der auf Ihr Konto überwiesen wird, müssen Sie etwas machen, sonst ist er sinnlos und nur eine schöne Zahl.

Glück lässt sich lernen

Eine wichtige Voraussetzung für Ihr Glück ist, dass Sie es wollen. Dann müssen Sie es wahrnehmen und erkennen lernen, sich dem Gefühl hingeben und es mit sich in den Alltag tragen. Das ist tatsächlich eine Frage der Übung. Umso mehr Glücksmomente Sie wahrnehmen können, desto leichter wird es Ihnen fallen, Glück innerlich zu verankern. Sie lernen, sich Bedingungen zu schaffen, in denen Glück erlebbar ist. Das heißt nicht, dass Sie blind für Unglück werden oder unantastbar oder auf einen inneren Knopf drücken können und der absoluten Euphorie verfallen. Aber Sie lernen, für Ihr Glück einzutreten und zu handeln, egal was sich um Sie herum gerade im Leben auftürmt.

Gelerntes wird zu Wissen und Wissen verändert die Wahrnehmung – Dinge, die ich kenne und weiß, nehme ich anders wahr. Lernen Sie Glück kennen und Ihre Aufmerksamkeit darauf zu lenken.

Handeln Sie sich glücklich! Glück lässt sich nicht erdenken. Sie können sich noch viele Jahre lang damit beschäftigen, was Glück eigentlich ist, studieren, diskutieren, über Glück meditieren und Vermutungen anstellen, was Sie glücklich macht und was zum Glück fehlt. Denken Sie nicht über das Glück nach, sondern leben Sie mit dem Glück. Meditieren Sie nicht ewig darüber, was Glück für Sie bedeutet und was Sie glücklich machen könnte, sondern meditieren Sie sich glücklich. Bauen Sie jeden Tag eine Prise Glück in Ihren Alltag ein. Rituale, auf die Sie sich freuen.

Entspannung

Eine wunderbare Wahrnehmungsschule ist die Entspannung. Daher haben viele Übungen dieses Buches mit Entspannung zu tun. Mit Hilfe von Entspannungstechniken lernen Sie, Ihre Aufmerksamkeit auf einzelne Körperteile oder -prozesse – wie zum Beispiel die Atmung – zu fokussieren. Auf diese Weise wird Ihre Eigenwahrnehmung trainiert. Sie spüren rechtzeitig, ob Ihr Puls rast, Ihre Muskeln angespannt sind oder ob Sie Stress empfinden und können dem entgegenwirken. Sie bekommen ein Gespür für Ihr eigenes körperliches, aber auch emotionales Wohlbefinden. Durch erhöhte Aufmerksamkeit werden ansonsten unbewusste Prozesse bewusst, können wahrgenommen und dadurch auch beeinflusst, das heißt in Handeln umgesetzt werden.

Sich selbst und sein eigenes Befinden wahrzunehmen, bedeutet die bewusste Aufnahme von Informationen, die uns unser Körper oder auch unsere Gedanken und Gefühle liefern. Entsprechend der Verarbeitung unserer Wahrnehmung können wir uns dann an die Situation anpassen. Nehme ich meine kalten Füße wahr, so kann ich handeln und mir warme Socken holen; nehme ich wahr, dass ich angespannt und verkrampft auf meinem Stuhl sitze, kann ich entsprechend meine Muskulatur lockern und entspannen. Wichtig ist, dass auf die Wahrnehmung eine Handlung folgt.

Je nach Situation und Bedürfnis werden Sie Ruhe oder Aktivität brauchen. Beides sind Formen der Entspannung, denn glücklich macht eine Balance zwischen beidem: Stille macht glücklich, aber auch Bewegung, Insichkehren macht glücklich, aber auch Kreativität.

Ruhe und Entspannung machen unseren Kopf frei. Wir können tiefer atmen und nehmen uns, unsere Gedanken, unsere Wünsche, unsere Bedürfnisse sowie unseren Körper intensiver wahr. Auch Glück lässt sich entspannt stärker wahrnehmen. Oft führt Entspannung direkt zu Glücksgefühlen. In der Hektik des Alltages gehen uns viele Wahrnehmungseindrücke verloren. Durch Entspannung schulen wir unsere Wahrnehmung und

lernen unsere Aufmerksamkeit zu bündeln und zu lenken. Mehr Entspannung heißt also auch, glücklicher zu sein.

Um glücklicher zu werden, müssen Sie vielleicht die eine oder andere Gewohnheit verändern. Das ist ein Prozess, der nicht von heute auf morgen abgeschlossen ist. Anfangs, wenn uns das Neue noch nicht vertraut ist, stellt sich vielleicht die Frage, warum wir das tun. Die neuen Verhaltensweisen sind fremd, brauchen mehr Zeit, weil wir mehr nachdenken müssen und es entsteht der Wunsch, es wieder rückgängig zu machen und die alte Vorgehensweise wieder hervorzuholen. Weil uns das Neue noch nicht flüssig aus der Hand geht, meinen wir schnell, es taugt nichts. Das Alte war vertraut. Der Kopf sagt zwar, dass das Neue gut ist, doch das Gefühl muss nachkommen und braucht seine Zeit. Aber tun Sie sich den Gefallen und warten Sie den Lerneffekt ab; halten Sie etwa zwei bis drei Wochen durch. Das Neue wird Ihnen zunehmend leichter fallen und vertraut werden. Nur so können Sie für Änderungen sorgen.

Für alle Übungen in diesem Buch gilt: Halten Sie Ihr Schreibmaterial bereit. Auch wenn Sie nicht direkt dazu aufgefordert werden, möchten Sie die neu gewonnen Einsichten oder Ideen aus der Übung vielleicht aufschreiben.

Was wissen wir vom Glück?

2

Der Begriff „Glück" bezeichnete im Mittelalter den zufälligen Ausgang einer Begebenheit, nicht nur im günstigen, sondern auch im ungünstigen Sinn. Immer mehr entwickelte sich die Bedeutung des Begriffs Glück jedoch zum Ausdruck des günstigen Zufalls und der erwünschten Fügung.

Heute wird mit Glück vorwiegend Wohlergehen assoziiert, Gesundheit, Wohlfühlen, Spaß und Freude haben. Meist ohne es zu wissen, folgen wir damit einer Definition von John Locke, einem der führenden Vertreter des englischen Empirismus aus dem Jahre 1690. Locke geht davon aus, das Streben nach Glück sei dem Menschen von Natur aus gegeben, ebenso der Widerwille gegen Leid. Glück ist dabei die „größtmögliche Lust".

Im 18. Jahrhundert, dem Jahrhundert der Aufklärung, wurde ausführlich über das Glück diskutiert. Schon damals entstand eine regelrechte Glückswissenschaft, die der systematischen Produktion von Lust dienen sollte. In der französischen Enzyklopädie von 1751 wird im Artikel über das Glück die Frage gestellt, ob nicht jeder das Recht auf sein eigenes Glück habe, darauf, nach ganz eigenen Vorstellungen glücklich zu sein. Diese Idee fand als ein Recht auf das Streben nach Glück, heute oft verkürzt verstanden als ein Recht auf Glück, Eingang in die amerikanische Unabhängigkeitserklärung von 1776.

Doch die Beschäftigung mit Glück ist noch wesentlich älter. Bereits Philosophen der Antike, wie Sokrates, Platon, Aristoteles, Seneca beschäftigten sich mit dem Thema. Seit den Anfängen der Philosophie wird die Frage „Was ist Glück?" behandelt und diskutiert. Philosophen der Antike, des Mittelalters und der Moderne kamen dabei zu sehr unterschiedlichen Auffassungen bezüglich der Frage, wie ein geglücktes Leben auszusehen habe.

Glück in der Philosophie der Antike

Aristippos von Kyrene lebte von 435 bis ca. 355 v. Christus. Er war wohl der erste Philosoph, der eine regelrechte Glücksphilosophie entwickelt hat. Sein Weg zum Glück führt über die Maximierung der Lust und dem Ausweichen von Schmerz, wobei beides – Lust und Schmerz – Launen der menschlichen Seele sind. Für ihn ist die körperliche Lust der eigentliche Sinn des Lebens.

Platon, Schüler des Sokrates, lebte von 427 bis 347 v. Chr. in Athen. Für ihn sind wahres Glück und richtiges Leben an Glückseligkeit und Standhaftigkeit gebunden, wozu auch die Beherrschung hemmungsloser Begierden gehört. Die menschliche Seele hat laut Platon drei Teile: die Vernunft, den Mut sowie die Triebe. Wenn nun alle drei Seelenanteile im Gleichgewicht sind und harmonisieren, kann der Mensch glücklich sein. Die Seele ist im Einklang, wenn die Vernunft mit Hilfe des Muts die Begierde beherrscht und nach ihrem eigenen Willen zu formen versteht.

Aristoteles lebte von 384 bis 322 v. Chr. und gilt neben Platon und Sokrates als der bedeutendste griechische Philosoph. Glück entwickelt sich laut Aristoteles durch die Entfaltung der natürlichen Anlagen. Für ihn hat alles eine bestimmte Funktion – zum Beispiel der Schuster, aber auch das Auge, das sieht. Auch der Mensch hat eine Funktion; er vollbringt das Werk des Lebens, seine Funktion liegt im Vollzug des Lebens. Dieser Vollzug erschließt sich aus der Vernunfttätigkeit. Glück ist für Aristoteles nicht in erster Linie Wohlergehen oder die Befriedigung von Bedürfnissen, sondern das Tun, die theoretische und praktische Vernunfttätigkeit – der Vollzug des Lebens. Dies vollzieht sich innerhalb der Gemeinschaft, des Staates, der Polis. Hier verwirklicht sich das menschliche Sein. Wer die in sich innewohnenden Fertigkeiten in der Gemeinschaft entfaltet, wird glückselig. Auch äußere Güter gehören für Aristoteles zum Glücklichsein dazu, er sieht eine Abhängigkeit des Glücks zur Gunst der äußeren Umstände. Es liegt am Geschick des Menschen, aus den jeweiligen Umständen das Beste zu machen, um so ein hohes Maß an Unabhängigkeit zu erreichen.

Ebenfalls ein bedeutsamer Glücksphilosoph der Antike ist Epikur. Er lebte von 341 bis 270 v. Chr. Glück ist nach Epikur ein Freisein von Unlust. Er beschreibt als Hauptziel gelingenden Lebens, durch Schmerzvermeidung körperliche sowie seelische Schmerzfreiheit zu erlangen. Dies gelingt durch ein Reduzieren und Fokussieren auf die notwendigsten Grundbedürfnisse, nicht durch exzessiven Genuss oder Völlerei. Nicht das Übermaß an Dingen ist für Epikur der Glücksbringer, sondern das Wegfallen von Negativem, von Schmerzen und Leid. Dies ist durch das Konzentrieren auf kleine, grundlegende Dinge zu erreichen, was keineswegs Askese bedeutet. Glück ist für Epikur ein wichtiges Ziel im Leben des Menschen. So sagt er: „Ich wüsste nicht, was ich mir überhaupt noch als ein Gut vorstellen kann, wenn ich mir die

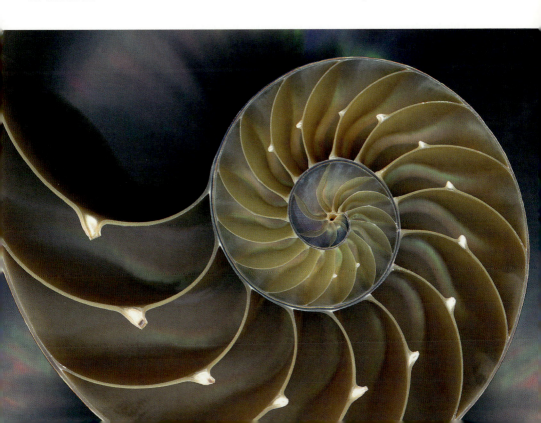

Lust am Essen und Trinken wegdenke, wenn ich die Liebesgenüsse verabschiede und wenn ich nicht mehr meine Freude haben soll an dem Anhören von Musik und dem Anschauen schöner Kunstgestaltungen." Die Lust an kleinen Dingen bringt Glück. Wogegen extreme Lust für Epikur extreme Unlust nach sich zieht – wer sich hoch hinauswagt, fällt tief. Zu den notwendigen Grundbedürfnissen des Menschen zählt Epikur auch die Freundschaft, die zum Glücklichsein dazugehört.

Die Stoa war ein über einen langen Zeitraum mächtiges und einflussreiches philosophisches Lehrgebäude, das von Zenon von Kition, 333 bis 264 v. Chr. bis zur jüngeren, römischen Stoa mit Vertretern wie Seneca, 1 bis 65 n. Chr. oder Mark Aurel, 121 bis 180 n. Chr. reichte. Entgegen der Lehre Epikurs lehnte sie Lust im engeren Sinne ab und erhob die Pflicht sowie die Tugend zum obersten Lebensprinzip. Wer frei von Affekten, eigenen Leidenschaften und Wünschen, gleichgültig gegenüber seinem eigenen Schicksal sowie unabhängig vom äußeren Geschehen ist, erreicht wirkliche Freiheit. Dies wird durch asketische Lebensführung und Erlangen eigener Urteilsfähigkeit angestrebt und lässt einen Zustand ausgeglichener Seelenruhe entstehen, der für die Stoiker gleichbedeutend mit Glückseligkeit ist. Die universelle Gesetzmäßigkeit der Natur, die der Mensch als Vernunftwesen in der Lage ist zu erkennen, ist für die Stoiker richtungsweisend für Glück. Glückselig ist der, der nach der Natur und deren Gesetzen lebt. Gleichzeitig ist dies die wichtigste Tugend für den Menschen: ein auf die Gesetzmäßigkeit der Natur ausgerichtetes, vernünftiges Leben. Wer tugendhaft in diesem Sinne lebt, wird glücklich. Die Natur ist durch göttliche Vernunft bestimmt, so gilt nur der als vernünftig, der im Einklang mit der Natur, der kosmischen Ordnung lebt und Leidenschaften und Begierden zurückdrängt. Diese Tugend sollte Maßstab des eigenen Handelns sein. Lüste und Leid sind gleichgültig, weder erstrebenswert noch sind sie zu vermeiden. So schreibt zum Beispiel Zenon: „Begierde ist ein unvernünftiges Verlangen" und „Lust ist das unvernünftige Frohgefühl über eine scheinbar begehrenswerte Sache." Lust und Leidenschaften gaukeln vor, was glücklich zu machen hat. Wesentlicher ist für die Stoiker, wer nach der Natur lebt, d. h. sich in das Ganze des Kosmos sowie der Gemeinschaft einfügt.

Die Glücksphilosophien der Antike prägten die des Mittelalters und haben auch Einfluss bis in die Moderne und in heutige Ideen über das Glück. Viele der Auffassungen im Mittelalter über das Glück sind aus der antiken Philosophie hervorgegangen. Prägend im Mittelalter war das Christentum, das besonders aus der stoischen Philosophie geschöpft hat. So zum Beispiel die Idee der Askese, oder auch eine Erlösungsvorstellung, die besagt, dass dauerhaftes Glück erst nach dem Tod erreicht werden kann. Erst nach dem Jüngsten Gericht finden sich Erlösung und das Paradies. Glücksphilosophie im Mittelalter verweist immer auf das Christentum. Die düstere Zeit des Mittelalters hat jedoch wenig zum Thema Streben nach Glück beigetragen – schon gar nicht im Diesseits. Glück wurde oft verwiesen auf das Jenseits. Daher klafft in der Geschichte des Glücks eine langjährige Lücke, die erst im 17. Jahrhundert allmählich mit Gedankengut gefüllt wurde.

Augustinus von Hippo lebte von 354 bis 430 und war einer der bedeutendsten christlichen Kirchenlehrer. Er beschäftigte sich intensiv mit dem Thema Glück. Der Mensch kann nur zum Glück gelangen, wenn er sich Gott, dem höchsten Sein, dem höchsten Gut zuwendet und sich nicht ablenken lässt von irdischen Zwängen. Gott wird um seiner selbst willen verehrt, nicht aufgrund anderer Ziele, wie dem Streben nach weltlichen Gütern. Die Sorge um das leibliche, irdische Wohl bringt den Menschen um seine Glückseligkeit. Augustinus appelliert, sich vom Irdischen abzuwenden und die Suche nach Gott als dem Höchsten in den Mittelpunkt des Lebens zu stellen. Nur so erlangt der Mensch Erfüllung und Glückseligkeit und findet die Suche nach Glück und Sinn ihr Ziel.

Glück in der Philosophie der Moderne

Die Glücksphilosophien der Antike haben unsere Vorstellung vom Glück bis heute geprägt.

John Stuart Mill war ein bedeutender englischer Philosoph des Glücks. Er lebte von 1806 bis 1873 und gilt zusammen mit seinem Vater James Mill und Jeremy Bentham als Begründer des Utilitarismus. Dieser wurde zur wegweisenden Philosophie in der angelsächsischen Welt. Für Mill sind Glück und Moral nicht voneinander zu trennen. Als moralisch gilt, was Glück herbeiführt. So gibt es laut Mill zwei Strategien, die zu verfolgen sind: Die eine ist, Glück zu fördern – *maximize happiness* – und die andere, Leid zu reduzieren – *minimize suffering*. Glück wird durch Lust erreicht, Schmerz und ein Mangel an Lust sind zu vermeiden.

Mill verweist auf die Glücksphilosophie Epikurs, die er um den *maximize happiness*-Gedanken ergänzt. Mill weist über den einzelnen Menschen hinaus und sieht es als Aufgabe der Gesellschaft, maximales Glück für die maximale Zahl an Personen zu erreichen. Er baut seine Glücksphilosophie zur Ethik aus und setzt als Ziel ethischen Handelns die Vermehrung der Glückseligkeit für sich selbst wie auch für andere. Die moderne Spaß- und Erlebnisgesellschaft wäre ohne Streben nach Glück in diesem Sinne gar nicht denkbar.

Der deutsche Philosoph Immanuel Kant war wohl einer der wichtigsten Denker der Moderne. Er lebte von 1724 bis 1804 in Königsberg. Glück ist für ihn eher ein Nebenprodukt von tugendhaftem Handeln, nicht seine Motivation. Kants Glücksbegriff ist angelehnt an den der Stoa. Jedoch ersetzt er den Begriff des Glücks durch den der Pflicht. Das Streben nach eigenem Glück schränkt Handeln und Pflichten ein. Doch durch sittliches, mündiges Handeln kann sich der Mensch um Glück verdient machen. Kant verbindet hierbei tugendhaftes und glücksstrebendes Handeln und sieht in der Pflichterfüllung den Weg zum Glück, allerdings nicht als Ziel, sondern gleichsam als Effekt. Moral führt zu Glück.

Artur Schopenhauer, 1788 bis 1860, hielt Glücklichsein für einen dem menschlichen Denken zugrunde liegenden Irrtum. Für ihn ist die Annahme, „dass wir da sind, um glücklich zu sein" ein Irrtum des Menschen. Diese pessimistische Haltung scheint jedem Streben nach Glück entgegenzustehen. Und doch bietet Schopenhauer einen Weg zum möglichen Glück an. Dieses sollte der Mensch nicht in äußerem Besitz oder Image und

Macht suchen, sondern die Ausbildung und Entwicklung der eigenen Persönlichkeit in den Mittelpunkt seines Lebens stellen. Geistigen Reichtum sieht er als Gegenmittel gegen Schmerz und Langeweile, die jedem Glück entgegenstehen.

Eine völlig konträre Idee zum Thema Glück hatte der deutsche Philosoph Friedrich Nietzsche (1844 bis 1900). Für ihn liegt Glück im Inneren des Menschen und ist nicht in Äußerlichkeiten zu suchen. Er hält Moral für eine Nothilfe, um nicht am Gegensatz zwischen eigenen Wünschen und Begierden und äußerer Wirklichkeit zu zerreißen. So lehnt er den Verweis auf die Tugend, den die Stoa als Glücksweg postuliert, und das moralische Handeln von Kant ab. Er schreibt: „Die Bestie in uns will belogen werden; Moral ist Notlüge, damit wir von ihr nicht zerrissen werden." Epikur ist Nietzsche näher. Jedoch lehnt er Sittsamkeit an sich nicht ab. Doch Glück macht für ihn viel mehr aus. Drei Dinge nennt er als Grundlagen des menschlichen Glücks: Das Gewohnte, das durch Rituale und Vertrautheit als Quelle der Lust dient. Die Verbundenheit von Schönheit und Ruhe: Dinge, die uns mit Ruhe und Hingabe begegnen, berühren uns stärker als Rausch und Hektik. Als dritte Stütze des Glücks nennt Nietzsche den Unsinn, der Mensch hat Freude am Unsinn. Hierzu schreibt er: „Wie kann der Mensch Freude am Unsinn haben? So weit nämlich auf der Welt gelacht wird, ist dies der Fall; ja man kann sagen, fast überall wo es Glück gibt, gibt es Freude am Unsinn."

Von der Antike an suchten die Menschen nach Glück und wollten es verstehen. Viele der großen Denker erörterten und beleuchteten das zu erreichende Ziel der Glückseligkeit. Bis heute ist die Diskussion über Glück nicht vollendet. Moderne philosophische Überlegungen sehen die Entwicklung der eigenen Fähigkeiten und Eigenschaften als Ursache für Freude im Leben (Robert Spaemann); oder die Entwicklung von Fähigkeiten, die für ein gutes Leben notwendig sind, wie das Achten auf körperliche sowie geistige Gesundheit und das Entwickeln von Beziehungen zu Dingen und anderen Personen, die über das eigene Selbst hinausweisen (Martha Nussbaum). Für Wilhelm Schmid ist das Streben nach Glück eine Lebenskunst, zu der auch das bewusste Aushalten von Schmerzen und Entbehrungen gehört sowie die Bewältigung und Klärung von Widerständen. Die Untersuchung des Phänomens Glück hat in viele Wissenschaften Eingang erhalten. Nicht nur in der Philosophie, auch in Wissenschaften wie der Medizin, wird Glück erforscht und untersucht.

Aus medizinisch-neurobiologischer Sicht ist Glück – wie jede andere Emotion auch – ein sehr komplexes Zusammenspiel von Gehirn, Nerven, Sinnesorganen und Hormonen, wobei psychische und soziale Aspekte natürlich stark beeinflussende Faktoren sind.

Noch längst ist die Entstehung und Verarbeitung von Emotionen im Körper nicht vollständig geklärt. Es handelt sich um das Ineinandergreifen diverser elektro-biochemischer Vorgänge. Selten sind nur einzelne Zentren oder Regionen des Gehirns aktiv, sondern meist ganze Schleifen von Verbindungen zwischen den Zentren und Regionen.

Allgemein kann man sagen, dass sowohl die Außenwelt als auch der gegenwärtige Zustand der inneren Organe sowie ganz allgemeine Empfindungen wie Hunger oder Durst integrativ verarbeitet werden müssen, damit Emotionen entstehen. Neben den Nerven (neuronale Signalübermittlung) und ihren Botenstoffen spielen auch Hormone eine Rolle. Selbst Substanzen des Immunsystems werden als mögliche Signalträger für Emotionen diskutiert.

Im Gehirn spielt das sogenannte limbische System eine wichtige Rolle für das Entstehen von Emotionen. Es handelt sich um ein System eng miteinander verschalteter Hirnregionen. Seine Hauptfunktion ist es, für das Gleichgewicht der hormonellen und vegetativen Funktionen zu sorgen. Das heißt, im limbischen System können zum Beispiel Mangelempfindungen wie Hunger oder Durst entstehen, die dann „verarbeitet" werden, also eine entsprechende Reaktion (wie Essen oder Trinken) auslösen. Somit ist das limbische System der Ort im Gehirn, wo Antriebe und Emotionen entstehen.

Insgesamt sind mindestens sieben Hirnregionen an der Entstehung eines Glücksgefühls beteiligt. Ganz entscheidend ist auch der sogenannte Präfrontale Cortex, also die Hirnrinde direkt hinter der Stirn. Hier liegt der steuernde Motor dafür, dass uns unsere Emotionen auch bewusst werden. Dazu kommen dann zum Beispiel noch Regionen, die Einfluss auf Bewegung und Muskulatur haben, damit auch ein entsprechender Gesichts-

ausdruck oder eine Körperreaktion möglich werden.

Das limbische System ist mit einer Hirnregion vernetzt, die man den Hypothalamus nennt. Dieser hat besonderen Einfluss auf die Hirnanhangdrüse (Hypophyse), in der eine ganze Reihe Hormone gebildet bzw. ausgeschüttet werden, die für Emotionen wie Glück unentbehrlich sind. Empfängt der Hypothalamus entsprechende Signale vom limbischen System, sorgt er unter anderem dafür, dass die Hirnanhangdrüse Endorphine in die Blutbahn ausschüttet. Endorphine gehören zu den Hauptsignalstoffen für Glück. Sie sind körpereigene Opiate, die schmerzlindernd, aber vor allem auch euphorisierend und entspannend wirken können. Sie stimulieren spezielle Rezeptoren (Empfänger) an Nervenzellen.

Es gibt noch eine Reihe weiterer Botenstoffe des Glücks. Alle diese Stoffe sind auch an anderen Emotionen und Prozessen des Körpers beteiligt. Erst die richtige Kombination erzeugt die Emotion „Glück". Einer der Stoffe ist das Dopamin. In Momenten des Glücks wird es im „Belohnungszentrum" des Gehirns, dem Nucleus Accumbens (ein Teil des limbischen Systems) ausgeschüttet. Dopamin sorgt für Motivation und treibt uns zu Handlungen an. Ein Stoff der Harmonie und Entspannung ist das Serotonin. Es wird mehrmals in der Sekunde ausgeschüttet und ist am Entstehen des Glücksgefühls ebenfalls beteiligt. Oxytocin schließlich ist ein Hormon, das durch Aktivierung spezieller Zellverbindungen Gefühle wie Geborgenheit oder Vertrautheit auslösen kann.

Als „obere Verwaltungseinheit" ist auch immer die Großhirnrinde (Cortex) beteiligt. Wenn Emotionen aktiviert werden, so weist sie den erlebten Situationen eine bestimmte Bedeutung bzw. kognitive (rationale) Bewertung zu, die die Situationen intensivieren und zu Verhaltensänderungen oder -anpassungen führen kann.

Bedingungen des Glücks – ein Glückstest

3

Die Grundvoraussetzung, um Glück zu erfahren, ist Ihre eigene Überzeugung, dass Sie glücklich sein können. Sie müssen sich selbst glücklich vorstellen können. Sie müssen von ganzem Herzen davon überzeugt sein, dass Glück für Sie möglich und erlebbar ist. Haben Sie Zweifel daran, glücklich sein zu können oder gar zu dürfen, nützen die schönsten Glücksübungen und -rezepte nichts. Sie sind natürlich eingeladen, die Übungen dennoch zu versuchen. Aber erwarten Sie dann keine Wunder. Sie müssen sich zum Glücklichsein entscheiden und dafür etwas tun wollen. Dann ist es möglich. Glück ist eine tägliche Entscheidung. Schließen Sie Glück in Ihrem Leben aus oder können Sie sich Glück in Ihrem Leben vorstellen?

Wo hakt Ihr Glücksweg momentan? Wo und wie können Sie mehr für Ihr Glück tun? Wo verhindern Sie vielleicht derzeit selbst, dass mehr Glück in Ihr Leben kommt? Mit Hilfe des Glückstests finden Sie heraus, welcher Glückstyp Sie sind. Hier erfahren Sie, welche Übungen und Rezepte speziell für Ihre Glückstypen-Kategorie geeignet sind und Sie können direkt zu den empfohlenen Übungen und Rezepten springen.

Bearbeiten Sie einfach nacheinander die zehn Fragen. Wählen Sie aus den fünf Antwortmöglichkeiten diejenige aus, die Ihnen spontan am meisten entspricht oder zusagt. Kreuzen Sie den dazugehörigen Buchstaben an.

Test

Frage 1: Heute ist überraschend gutes Wetter, obwohl Regen angekündigt war. Was machen Sie?

- Ⓓ Ich kann das Meeting nicht absagen, das ist wichtiger.
- Ⓔ Raus ins Freie! Das will ich genießen.
- Ⓑ Nie stimmen die Vorhersagen! Ich habe sogar an meinen Regenschirm gedacht und bin viel zu warm angezogen.
- Ⓐ Ich verfolge meine Pläne für den Tag weiter, weil ich mit den Aufgaben fertig werden will.
- Ⓒ Ich würde gerne raus, muss aber arbeiten. Vielleicht schaffe ich es später, raus zu gehen.

Frage 2: Jemand schenkt Ihnen zwei Theatergutscheine. Was machen Sie?

- Ⓒ Momentan läuft kein Stück, das mich interessiert. Aber ich behalte das Theaterprogramm im Auge.
- Ⓑ Ich gehe nicht so gerne ins Theater. Kinokarten wären mir lieber gewesen.
- Ⓐ Ich freue mich über das Geschenk und hebe mir die Karten für ein interessantes Stück auf.
- Ⓔ Ich schaue ins Theaterprogramm und verabrede mich mit einem Freund/einer Freundin am nächsten Wochenende in eine Aufführung zu gehen.
- Ⓓ Ich frage einen Freund, ob er mit ins Theater gehen will und welches Stück ihn interessiert.

Frage 3: Sie haben ein neues, ungewöhnliches Rezept entdeckt, das Sie gerne ausprobieren möchten:

- Ⓔ Ich lade Freunde für den nächsten Freitagabend ein und wir kochen zusammen.
- Ⓐ Wie aufregend! Ich warte auf eine Gelegenheit, es im kleinen Rahmen mit Freunden auszuprobieren.
- Ⓒ Ich frage Freunde, ob sie mit mir zusammen das Rezept ausprobieren wollen.
- Ⓑ Bevor ich es ausprobiere, lese ich mir die Kochanleitung mehrmals genau durch.
- Ⓓ Ich probiere es aus und lade Freunde ein, bei denen ich mir vorstellen kann, dass sie das mögen.

‹‹ TEST

Frage 4: Für das nächste Wochenende planen Sie:
- Ⓐ Samstags mache ich immer Sport und sonntags ist dann Ausschlafen angesagt.
- Ⓓ Da habe ich endlich mal wieder Zeit für meine Familie/meinen Partner. Die schimpfen schon, dass ich so selten da bin.
- Ⓒ Je nach Wetter würde ich gerne eine Fahrradtour machen.
- Ⓔ Mal sehen, wonach mir ist.
- Ⓑ Am Wochenende mache ich Erledigungen, zu denen ich in der Woche nicht gekommen bin.

Frage 5: Welchem Motto bezüglich Glück können Sie sich am ehesten anschließen?
- Ⓓ „Glück bedeutet Harmonie und Frieden."
- Ⓒ „Glück kommt meist unerwartet."
- Ⓑ „Jede Medaille hat zwei Seiten."
- Ⓔ „Glück ist, was ich daraus mache."
- Ⓐ „Glück ist ein buntes Mosaik aus schönen Augenblicken."

Frage 6: Ich wünsche mir von meinem Beruf, ...
- Ⓐ dass ich ihn langfristig ausüben kann.
- Ⓔ dass ich ihn sinnvoll ausführen kann.
- Ⓑ dass ich davon leben kann.
- Ⓓ dass ich anderen damit helfen kann.
- Ⓒ dass ich ihn kompetent ausführen kann.

Frage 7: Was unternehmen Sie am liebsten mit Freunden?
- Ⓑ Ich spiele in einer Band.
- Ⓓ Wir kochen zusammen.
- Ⓒ Wir nutzen das Angebot der VHS oder auch kulturelle Angebote.
- Ⓐ Ich treffe mich in Cafés und wir reden über alles.
- Ⓔ Ich treffe mich mit ihnen zum Sport – klettern, laufen, schwimmen.

Frage 8: Was denken Sie über Ihr soziales Umfeld?
- Ⓐ Ich habe gute Freunde, und gemeinsam haben wir schon viel erlebt. Ich habe regelmäßig Kontakt zu ihnen.
- Ⓔ Freunde sind mir sehr wichtig. Ich fühle mich gut integriert und bleibe dennoch meiner Linie treu.
- Ⓒ Ich mag Feierlichkeiten jeglicher Art und bin oft eingeladen.
- Ⓑ Ich bin gerne allein, freue mich aber auch über Gesellschaft. Es ist mir wichtig, dass meine Interessen nicht zu kurz kommen.
- Ⓓ Gemeinsam ist man stark. Meine Freunde und Familie fragen mich oft um Rat.

Frage 9: Ein guter Freund ruft Sie an, doch Sie sind gerade beschäftigt. Was tun Sie?
- Ⓒ Ich höre ihm zu und überlege in Gedanken, wann ich weitermachen kann.
- Ⓔ Ich sage, dass ich gerade beschäftigt bin, ihn aber noch heute zurückrufe.
- Ⓑ Ich sage, dass ich gerade beschäftigt bin.
- Ⓓ Ich höre ihm zu, sage dann, dass ich gerade beschäftigt bin und frage, ob er später noch einmal anrufen kann.
- Ⓐ Ich höre mir an, was er zu sagen hat und gehe so kurz wie möglich darauf ein.

Frage 10: Unerwarteter Besuch kündigt sich an, wie reagieren Sie?
- Ⓓ Ich flitze schnell zum Supermarkt und kaufe ein paar Leckereien und diverse Getränke, damit der Besuch eine Auswahl hat.
- Ⓑ Nach kurzem Ärger, bereite ich eine Kleinigkeit zu essen vor.
- Ⓐ Ich freue mich, da ich ihn lange nicht gesehen habe, mache mir aber Sorgen, weil es nicht aufgeräumt ist.
- Ⓒ Ich bin ganz aufgeregt, flitze nervös durch die Wohnung und erwarte meinen Besuch.
- Ⓔ Ich freue mich, bitte ihn aber, eine halbe Stunde später zu kommen. Dann versuche ich, die gröbste Unordnung zu beseitigen, kämme noch mal schnell mein Haar und setze Kaffee auf.

« AUSWERTUNG

Zählen Sie, wie oft Sie jeden einzelnen Buchstaben angekreuzt haben und notieren Sie hier Ihr Ergebnis.

Ⓐ _____-mal;
Ⓑ _____-mal;
Ⓒ _____-mal;
Ⓓ _____-mal;
Ⓔ _____-mal

Der Buchstabe mit den meisten Kreuzen benennt, welcher Glückstyp Sie sind.

Bei gleicher Anzahl zweier Buchstaben lesen Sie bitte beide Typen genau durch.

Überwiegend Ⓐ = der Festhalter

Überwiegend Ⓑ = der Schwarzseher

Überwiegend Ⓒ = das Opfer

Überwiegend Ⓓ = der Selbstlose

Überwiegend Ⓔ = der Glückliche

Typ A, der Festhalter

Sie können sich trotz Alltagsstress und Sorgen über so manches, auch Kleinigkeiten, freuen und sind in der Lage, für sich und Ihre Bedürfnisse einzutreten. Wahrscheinlich könnten Sie das sogar noch vehementer und effektiver, als Sie es bisher getan haben, doch aus Sorge, andere könnten sich von Ihnen abwenden, lassen Sie gerne die eine oder andere Fünf gerade sein. Sie hängen sehr an allem, was Ihnen vertraut und lieb geworden ist und können sich nur schwer von Dingen trennen oder Veränderungen zulassen. Obwohl sich viel Ballast angesammelt hat, trauen Sie sich nicht so recht, ihn loszulassen und Platz zu schaffen. Sie bewahren Dinge für später auf, so entgehen Ihnen aktuell Glücksmomente. Ihr Glücksweg ist verstopft und blockiert. Sie müssen lernen, loszulassen und sich von Belastungen zu befreien, um Veränderungen wagen zu können, so dass Ihrem Glück nichts mehr im Wege steht. Lernen Sie, Raum für Ihr Glück zu schaffen – innerlich wie auch äußerlich, und lassen Sie Blockierendes sowie Unglücklichmachendes los. Befreien Sie sich von Altlasten und verstaubter Routine und umgeben sich mit positiven Dingen.

Übungen:

Für Sie sind speziell die Übungen aus den Kapiteln „Tanzen" und „Loslassen". Probieren Sie auch die Übung mit den Kastaniensäckchen aus dem Kapitel „Mit allen Sinnen genießen".

Rezepte:

Gönnen Sie sich die Rezepte Gewürzkaffee und Paradieskefir-Shake mit Chili, die bringen neue Energie und Schwung!

Typ B, der Schwarzseher

Sie können gut für sich selbst und andere Menschen sorgen, haben Kreativitätspotential und erinnern sich an schöne Glücksmomente. Nur in Ihr heutiges Leben passt Glück nicht wirklich rein und Ihre Zukunft macht Ihnen Angst und Sorge. Über Vieles machen Sie sich Gedanken und wägen die Risiken ab, so dass spontane, begeisterte Entscheidungen selten sind. Sie könnten sich ideal Ihr eigenes Glück schaffen. Doch ganz gleich, was das Leben Ihnen bietet, Sie fürchten hinter allem Pech und Scheitern. Ein Unglück kommt für Sie selten allein. Glücksanstrengungen von Freunden oder kleine Freuden des Lebens fallen Ihnen nur schwer oder gar nicht auf. Chancen zum Glücklichsein lassen Sie ungenutzt verstreichen und nehmen sie nicht als solche wahr. Finden Sie Ihre Balance wieder zwischen Entspannung und Anspannung, zwischen Stille und Aktivität, und wenden Sie Ihren Blick bewusst dem Glück zu und allem, was Ihnen gut tut! Lernen Sie Ihr Glück wahrzunehmen.

Übungen:
Die Übungen aus den Kapiteln „Verankern Sie einen glücklichen Moment" sowie „Wenden Sie Ihren Blick und sammeln Sie Ihr Glück" unterstützen speziell Sie bei Ihrem Glück. Gönnen Sie sich die Sinnesreisen aus dem Kapitel „Mit allen Sinnen genießen".

Rezepte:
Mit Hilfe der Rezepte Pikanter Brotaufstrich sowie Erdbeersalat mit Pfeffersahne gewinnen Sie neue Impulse für Ihr Glück.

Typ C, das Opfer

Zu dieser Gruppe gehören Sie, wenn Sie hauptsächlich Antworten mit dem Buchstaben C gewählt haben. Sie sind durchaus in der Lage, sich auf Neues und Unerwartetes in Ihrem Leben einzulassen, können sich Veränderungen anpassen und nehmen Ungewohntes an, selbst dann, wenn es unbequemer für Sie ist. Kleine Freuden des Alltags nehmen Sie wahr. Aber Sie fühlen sich oft ausgeliefert und haben den Eindruck, wenig Einfluss auf Ihr Leben zu haben. So machen Sie selten aktiv etwas für Ihr Glück, und warten auf schöne Momente und darauf, dass jemand Ihnen das Glück hereinbringt. Ihre Passivität macht Sie oft handlungsunfähig, so dass Sie dadurch tatsächlich von anderen Menschen oder Ereignissen überrascht und überrannt werden. Es überwiegt das Gefühl der Ohnmacht, dass Sie die Dinge annehmen lässt, aufgrund des Gefühls, Sie könnten sich dagegen eh nicht wehren. Werden Sie zum Täter in Ihrem Leben! Warten Sie nicht länger ab und machen sich dadurch selbst zum Opfer. Lernen Sie, Verantwortung für sich und Ihr Leben zu übernehmen und eigene Entscheidungen zu treffen.

Übungen:
Mit den Übungen aus den Kapiteln „Kreativität", „Freiheit" sowie „Atmung" können Sie lernen, in die Handlung zu gehen, sich selbst und Ihre Kraft zu spüren und selbstbestimmt Ihren Glücksweg zu gehen.

Rezepte:
Mit den Rezepten Putengeschnetzeltes mit Orangenlimetten-Sauce, Sesamreis und Haselnussbroccoli sowie Obstsalat

mit Hüttenkäse-Topping können Sie sich einen wahren Genuss verschaffen und aktiv etwas für sich selbst tun.

Typ D, der Selbstlose

Sie können sich auf andere Menschen und deren Bedürfnisse einstellen, auch Raum schaffen für Veränderungen fällt Ihnen selten schwer und Sie probieren gerne mal etwas Neues aus. Allerdings stehen dabei Ihre eigenen Bedürfnisse und Wünsche selten im Vordergrund. Vielmehr treibt Sie Rücksichtnahme an oder Ihr ausgeprägtes Harmoniebedürfnis. „Geben ist seliger denn Nehmen" scheint Ihr Motto zu sein. Dies befähigt Sie dazu, in Frieden mit anderen zu leben, Nachbarschaftskonflikte oder größere Streitigkeiten sind Ihnen zuwider und Sie versuchen so gut es geht, sie zu vermeiden. Diplomatie ist Ihre Stärke. Doch sollten Sie lernen, sich selbst und Ihre eigenen Bedürfnisse ernster zu nehmen und dabei auch mal einen Konflikt riskieren. Sorgen Sie gut für sich! Das heißt nicht, dass Sie gegen andere handeln, nur weil Sie für sich eintreten. Bewahren Sie Achtung vor sich selbst und Ihren Bedürfnissen und Gefühlen. Wenn Sie glücklich sind, können Sie von Ihrem Glück etwas abgeben. Wenn jedoch Ihre eigenen Bedürfnisse nicht gestillt sind – woher dann nehmen?!

Übungen:

Mit den „Fünf Fragen zum Glück" werden Sie sich klarer, was für Sie Glück bedeutet und können so Ihre eigenen Ziele anstreben. Zudem unterstützen Sie das Kapitel „Mit allen Sinnen genießen" und die Bauchatmungsübung aus dem Atmungskapitel dabei, Ihren eigenen Genuss zu entdecken, sich selbst etwas Gutes zu gönnen sowie für sich selbst da zu sein. Sie fördern Ihre Eigenstärke und Ihr Bewusstsein für sich selbst und Ihre eigenen Bedürfnisse.

Rezepte:

Die Rezepte Schokopudding mit Sauerkirschen sowie Rucola-Trauben-Nuss-Salat mit Limetten-Rosinen-Dressing werden Ihnen ein wahrer Genuss sein.

Typ E, der Glückliche

Herzlichen Glückwunsch! Sie können sich offenbar rundum mit Glück versorgen. Sie sind in der Lage, Ballast abzuwerfen und können auch in Krisenzeiten Gutes sehen. Sie setzen sich für eigene Ziele ein, verlieren dabei aber auch nicht Interessen und Wünsche anderer aus dem Auge. Nach Anstrengungen gönnen Sie sich Pausen mit Stille und Aktionen. Sie haben einiges entdeckt, was Ihnen Freude und Genuss bereitet und fühlen sich lebendig und unabhängig. Die Balance zwischen Tief und Hoch, zwischen heiter und betrübt sowie zwischen Belastungen und Freuden gelingt Ihnen gut. Auch in schwierigen Zeiten verlieren Sie Ihr Glück nicht aus den Augen. Weiter so! Ihrem Glück steht nichts im Wege.

Übungen und Rezepte:

Probieren Sie die Übungen und Rezepte aus diesem Buch aus und entdecken Sie neue und weitere Glücksmöglichkeiten für sich.

Glücksübungen

4

Verankern Sie einen glücklichen Moment

Sicher erinnern Sie sich an einen ganz besonderen Glücksmoment in Ihrem Leben. Ein Moment, den Sie niemals vergessen könnten und in dem Sie die Welt umarmen wollten.

Besonders in schwierigen Zeiten und trüben Momenten vergessen wir, dass unser Leben auch Glück beinhaltet. Natürlich hat jeder von uns Glück erlebt. Es ist nicht Sinn der nächsten Übung, wehmütig an das erlebte, aber vergangene Glück zu denken, ihm nachzutrauern. Vielmehr geht es darum, Kraft und Mut aus der Glückserinnerung zu ziehen. Das erlebte Gefühl wieder zu empfinden und greifbar zu machen. Wir frischen es auf und konservieren es sozusagen für schlechtere Zeiten.

Für die Glücksübung ist es wichtig, die Erinnerungen an einen Glücksmoment so detailliert wie möglich abzuspeichern und vor dem inneren Auge anzuschauen. Sie produzieren einen eigenen Glücksfilm, nur für sich und Ihr eigenes inneres Kino.

Suchen Sie für die Übung Ihr Lieblingszimmer in Ihrer Wohnung auf. Achten Sie auf gute Luft in diesem Raum, indem Sie ihn vorher fünf Minuten durchlüften und reduzieren Sie Störquellen, indem Sie Ihr Handy ausschalten, die Klingel sowie das Telefon abstellen oder jemand anderen bitten, an die Tür oder ans Telefon zu gehen. Sorgen Sie für zwanzig Minuten Ungestörtsein und Stille. Legen Sie Schreibmaterial bereit, falls Sie sich während der Übung Notizen machen wollen. Setzen Sie sich auf Ihr Sofa oder einen bequemen Stuhl und nehmen Sie eine bequeme Sitzposition ein, der Rücken sollte dabei möglichst aufrecht sein, die Füße sollten gut den Boden erreichen. Nun die Hände locker in den Schoß oder neben die Oberschenkel legen. Im Liegen ist das Risiko deutlich höher, dass Sie einschlafen, daher wird diese Übung im Sitzen gemacht. Schließen Sie Ihre Augen und atmen Sie gleichmäßig ein und aus, lockern Sie Ihre Muskulatur.

Erinnern Sie sich an einen Augenblick des Glücks in Ihrem Leben. Egal, wie lange er her ist oder was genau er beinhaltet. Das kann ein Glücksmoment sein, wie das richtige Wort zur richtigen Zeit, der Genuss eines Schokoriegels, der erste Kuss von der großen Liebe, das erste Fahrrad, der Blick aufs Meer, die Geburt eines Kindes oder der Kauf Ihres ersten eigenen Autos. Suchen Sie sich einen Glücksmoment aus Ihrer Erinnerung und erinnern Sie sich so genau wie möglich. Was haben Sie erlebt? Was hat die Glücksgefühle ausgelöst? Beschreiben Sie genau die Situation – wenn Sie mögen, schreiben Sie es auf, so haben Sie Ihren Glücksmoment sogar schriftlich. Erinnern Sie sich genau an die Glückssituation. Spüren Sie genau hin und nehmen Sie die Situation mit allen Details wahr. Was hat Sie so glücklich gemacht? Wer oder was war an dieser Glückssituation beteiligt? Wie haben Sie sich gefühlt? Woran haben Sie gemerkt, dass Sie glücklich sind? Wie hat sich Ihr Glücksgefühl körperlich angefühlt? Erinnern Sie sich so detailliert wie möglich und lassen Sie das gute Gefühl neu in sich aufleben. Nehmen Sie Ihr Glücksgefühl mit allen Sinnen wahr. Spüren Sie zu den Farben Ihres Glücksmoments hin – war er draußen unter blauem Himmel oder auf grünem Gras? War es in

einem gelben Raum oder hatten Sie ein rotes T-Shirt an? Riechen Sie den Moment. War ein Parfüm zu riechen oder einfach frische Luft? Hören Sie in den Moment hinein, wie hat er geklungen? Hat jemand gesprochen, wurde Musik gespielt, gab es Geräusche? Malen Sie Ihren Glücksmoment wie ein Bild vor dem inneren Auge, so dass er wieder ganz präsent ist. Nehmen Sie dieses Bild tief in sich auf, bis Sie die Glücksemotion wieder klar nachfühlen können und es ein aktuelles Gefühl ist.

Um sich im Alltag an diese Situation schnell erinnern zu können und nicht erst mühsam alle Details wieder erinnern zu müssen – sozusagen für die schnelle Glücks-Erste-Hilfe – überlegen Sie sich eine Bewegung oder eine Körperhaltung, die Sie mit dem Glücksgefühl verbinden. Führen Sie diese Geste aus, sobald Ihnen das Glücksgefühl wieder ganz gegenwärtig ist. Mit Hilfe der Geste haben Sie den Glücksmoment auch im Alltag wieder ganz schnell vor Augen und das Glücksgefühl präsent. Streichen Sie mit Ihrer linken Hand kurz über Ihren rechten Arm, oder legen Sie zwei Finger Ihrer rechten Hand auf Ihren linken Unterarm, oder greifen Sie sich mit Ihrer rechten Hand kurz an Ihr rechtes Ohr – egal, welche kleine Bewegung, sie verankert in dem Moment Ihr Glücksgefühl.

Atmen Sie nun dreimal tief ein und aus und kehren Sie langsam in die Gegenwart zurück. Ihr Glücksbild können Sie überall hin mitnehmen. Durch die gewählte kleine Geste lassen Sie den Glücksmoment lebendig werden – ob auf dem Zahnarztstuhl, im Wartezimmer, vor einer Prüfung, nach einem langen Tag oder einfach nur, wenn das Glück besonders weit entfernt scheint. ∎

Fünf Fragen zum Glück

Wenn wir wissen wollen, wohin es gehen soll, müssen wir ein Ziel haben, auf das wir uns und unser Handeln ausrichten können. Sie suchen Glück? Machen Sie sich ein Bild von dem, was für Sie Glück bedeutet. Dann können Sie direkt und unmittelbar kleine Schritte in Ihre Glücksrichtung gehen.

 Gönnen Sie sich zwanzig Minuten Stille. Sorgen Sie dafür, dass Sie durch nichts und niemanden gestört werden und mit sich alleine sein können. Machen Sie sich eine Kerze an und legen Sie Ihr Schreibmaterial zurecht. Setzen Sie sich auf einen Stuhl, so dass Sie gut und bequem sitzen können. Schließen Sie Ihre Augen.

Fünf Minuten achten Sie nun ausschließlich auf Ihren Atem. Spüren Sie hin, wie sich Ihr Brustkorb langsam hebt und senkt. Lassen Sie Ihren Atem tief in Ihren Bauchraum strömen. Atmen Sie tief ein. Und lassen Sie sich für das Ausatmen besonders Zeit, ganz genussvoll und langsam lassen Sie die Luft hinausfließen. Wenn Sie sich ganz still, entspannt und ruhig fühlen, wandert Ihre Aufmerksamkeit zu dem Wort Glück. Lassen Sie dieses Wort einfach auftauchen. Jagen Sie noch keinen Gedanken hinterher, sondern lauschen Sie einfach dem Klang des Wortes nach. Glück. Vielleicht tauchen Bilder oder einzelne Gedanken dazu auf. Lassen Sie diese Bilder hochkommen, schauen Sie sie an, und lassen Sie sie weiterziehen. Versuchen Sie, nicht einzelne Gedanken zu erzwingen oder bewusst über sie nachzudenken. Denken Sie nur das Wort Glück. Langsam, lassen Sie sich Zeit. Nach fünf bis zehn Minuten beantworten Sie schriftlich aus dieser Stille heraus folgende Fragen. Lassen Sie die erste spontane Antwort zu und grübeln Sie nicht nach. Es kommt nicht auf Formulierungen an, sondern auf das, was spontan in Ihnen aufkommt – Worte, Sätze, Bilder, alles ist erlaubt. ■

Was heißt für Sie „Glück"?

Wie hindern Sie Ihr „Glück"?

Sind Sie bereit, Verantwortung für Ihr „Glück" zu übernehmen?

Was müssen Sie tun, um mehr „Glück" in Ihr Leben zu bekommen?

Was ist Ihr nächster Schritt?

Dieser nächste Schritt ist sehr wichtig. Er sollte ein kleiner, konkreter Schritt sein, der von Ihnen unmittelbar umgesetzt werden kann. Der erste Schritt hilft, Ihrem großen Glücksideal näherzukommen, es in die Tat umzusetzen und nicht bloß bei einem Traum bleiben zu lassen. Nach dem Wunsch folgt auf diese Weise gleich eine Handlung. Sie selbst handeln für Ihr Glück. Abends beim Tagesrückblick fragen Sie sich, ob Ihnen dieser Schritt gelungen ist: „Wo habe ich heute mehr Glück geschafft und erlebt?" Ich empfehle Ihnen, eine Vereinbarung mit sich selbst zu treffen, diesen Schritt auch wirklich zu vollbringen.

Vielleicht wünschen Sie sich mehr Bewegung oder sozialen Kontakt – suchen Sie sich noch heute einen Verein heraus, melden Sie sich zu einem Kurs an der Volkshochschule oder einer ande-

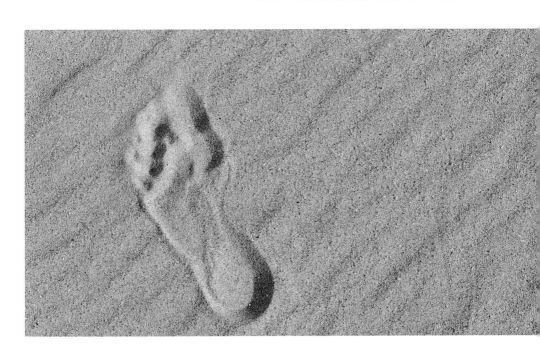

ren Bildungseinrichtung an oder rufen Sie einen Freund oder eine Freundin an und verabreden sich zum Kaffee. Oder Sie wünschen sich mehr Momente mit sich allein – reservieren Sie sich noch heute drei halbe Stunden in der nächsten Woche, die Sie mit sich alleine verbringen – in der Badewanne, auf dem Sofa mit einem guten Buch oder bei einem Spaziergang an der frischen Luft. Egal, was Ihr langfristiger Glückswunsch ist und wonach Sie streben, fangen Sie heute mit einem kleinen ersten Schritt an. Dann sind Sie Ihrem Ziel schon etwas näher und können einen zweiten und dritten Schritt folgen lassen.

Nach dieser Übung gönnen Sie sich einen frischen Grüntee mit Zitrone oder einen Pfefferminztee. Es gibt in Reformhäusern wunderbar erfrischende Minzteesorten – fragen Sie dort nach. Im Sommer können Sie den Tee abkühlen lassen und mit Apfelsaft aus dem Kühlschrank mischen – Ihre Lebensgeister werden sich freuen!

Die Freiheit, uns glücklich zu fühlen

Wenn wir uns fremdbestimmt und ohnmächtig fühlen, das Gefühl haben, den Geschicken des Lebens sowie der Gesellschaft machtlos ausgeliefert zu sein, haben wir oft den Eindruck, gar nichts tun zu können. Wir fühlen uns dann alles andere als glücklich. Auf der anderen Seite ist es nicht schlecht, andere als Täter und sich selbst als Opfer zu sehen, können wir uns dadurch doch der Verantwortung für unser Wohlergehen oder Scheitern entziehen und müssen keine anstrengenden neuen Pläne schmieden oder eigene Fehler eingestehen. „Die Eltern haben mir wichtige Dinge nicht beigebracht", „Meine Mutter war immer so streng", „Mein Vater war nie da", „Das habe ich in der Schule nicht gelernt", „Der Chef ist mies", „Die Arbeit ist anstrengend", „Die Politiker machen nichts", „Die Gesellschaft hat sich schlecht entwickelt", „Die Umwelt wird von den Amerikanern zerstört", „Geld regiert die Welt", „Der Arbeitsmarkt will mich nicht", „Es gibt für mich keine Möglichkeiten". All diese Aussagen vermeiden, dass wir selbst für uns und unser Leben aktiv werden und Verantwortung übernehmen. Denn wir selbst tauchen nicht in diesen Aussagen auf. Auf diese Weise verhindern wir aber, dass sich etwas ändern kann. Manchmal ist es traurig und schwierig, sich selbst eingestehen zu müssen, etwas Dummes verantwortet zu haben – jedoch können wir nur dann eine Wiederholung verhindern und für eine positive Entwicklung sorgen. Nur wer bei der Frage nach Verantwortung „Ich" sagen kann, kann für sich eintreten und Sorge tragen. Wer für sich selbst eintreten kann, kann für sein Glück sorgen. Was hilft denn der Verweis auf die Eltern oder andere Menschen oder Einrichtungen der Gesellschaft? Sie können nur sich selbst und Ihre Handlungen ändern. Leben bedeutet, Verantwortung zu übernehmen, zu handeln, Konflikte auszutragen und auch Fehler zu machen. Sie sind weder ohnmächtig noch ausgeliefert, es sei denn, Sie ziehen dieses Lebensgefühl freudigeren und lebensfroheren Gefühlen vor und wünschen es nicht anders. Machen Sie sich Ihre Möglichkeiten zur Handlung und Änderung klar. Die nächsten Übungen helfen Ihnen dabei.

Formulieren Sie die Beispielsätze um und finden Sie eigene für Sie passende.

„Die Eltern haben mir wichtige Dinge nicht beigebracht." – „Heute lerne ich die Fähigkeit, die ich für mein Leben brauche."

„Meine Mutter war immer so streng." – „Die Strenge meiner Mutter war belastend für mich, jedoch ist das dreißig Jahre her und ich bin jetzt keine fünf mehr, sondern erwachsen und entscheide heute selbst."

„Mein Vater war nie da." – „Ich habe meinen Vater vermisst, doch ich bin heute selbstständig und erwachsen", usw.

Finden Sie eigene Aussagen, die auf Sie und Ihre Lebenssituation passen.

Schule, Arbeitsstelle, Gesellschaft, Politiker, Amerikaner oder auch das Geld sind allgemein beliebte Sündenböcke. Sie sind so abstrakt oder weit von der eigenen Person entfernt, dass Sie eh keinen direkten Einfluss auf sie hätten. Machen Sie sich Ihre eigene Aktivität und Verantwortung klar! Wo spielen Sie zum Beispiel Spiele der Gesellschaft oder des Arbeitsmarktes mit, obwohl Sie sich darüber ärgern oder unwohl dabei fühlen? Oft sind es kleine Dinge, die Sie beeinflussen können. Höflichkeit im Straßenverkehr oder im Supermarkt liegt auch in Ihrer Hand, Leserbriefe für Zeitungen zu schreiben, um sich einzumischen, dauert höchstens zwanzig Minuten. Trauen Sie sich aufzufallen, trauen Sie sich, Ihre Emotionen laut zu zeigen. Wenn Ihnen

nach einem Theaterbesuch nach Jubeln und Bravorufen ist, so lassen Sie es raus! Sprechen Sie Künstler an und drücken Sie aus, was Sie empfinden. Kommen Sie raus aus Ihrer Passivität und zeigen Sie nicht mit dem Finger auf andere, die Sie angeblich an Aktivitäten hindern. Es hilft kein Schimpfen über Dinge, die der Vergangenheit angehören. Und auch das Feststellen der eigenen Ohnmacht hilft nicht weiter.

Stellen Sie sich vor einen Spiegel und beantworten Sie die folgenden Fragen:

Wo habe ich etwas durchgehen lassen, obwohl ich davon nicht überzeugt war oder es mich sogar geärgert hat?

Wo kann ich Grenzen setzen?

Wo habe ich „ja" gesagt, obwohl ich „nein" meinte?

Wo habe ich etwas getan, was ich nicht wollte und habe mich hinterher darüber aufgeregt und beschwert?

Wo halte ich am vertrauten Trott fest, obwohl ich über ihn oft schimpfe? Warum ändere ich nichts?

Wo nehme ich anderen Menschen die Möglichkeit, eigene Entscheidungen zu treffen, mische mich viel zu sehr ein oder urteile schnell und hart?

Wo übernehme ich Verantwortung für andere, statt für mich selbst? ■

Sie haben ein Recht auf Ihren eigenen Glücksweg. Allerdings müssen Sie ihn gehen, selbstständig und erwachsen, mit eigenen Handlungen, eigenen Fehlern und eigener Verantwortung. Wer sich als Opfer fühlt, stagniert und kommt nicht weiter, er ist ausgeliefert. Aber dagegen nichts zu tun, macht das ärmste Opfer zum Täter.

Mit der Beantwortung der Fragen haben Sie Ihren Verstand gefüttert, nun werden durch Bilder Ihre Emotionen angesprochen. Die Kapitänsübung gibt Ihnen ein Bild, mit dem Sie sich zum Handelnden in Ihrem Leben machen, das Ihnen bewusst machen kann, dass Sie Einfluss, aber auch Verantwortung haben.

Nehmen Sie sich zwanzig Minuten Zeit für sich allein. Suchen Sie einen ruhigen Platz in Ihrer Wohnung auf, setzen sich bequem hin und schließen Sie Ihre Augen. Achten Sie drei bis fünf Minuten auf Ihre Atmung, die gleichmäßig und tief sein sollte. Lassen Sie sich beim Ausatmen besonders viel Zeit.

Stellen Sie sich vor, Sie befinden sich auf einem Schiff. Es ist ein schönes Schiff, das ganz nach Ihren Wünschen gestaltet ist, denn es ist Ihr Schiff. Sie sind der Kapitän. Wie sieht Ihr Schiff aus und wie groß ist es? Ist es ein altes Segelschiff oder ein moderner Luxusliner? Welche Farbe hat es? Wonach riecht es auf Ihrem Schiff? Sie gehen über Ihr Schiff und schauen sich alles an, denn Sie müssen Ihr Schiff gut kennen, um es steuern zu können. Sie haben die Verantwortung für das Schiff. Hat es eine Kajüte? Oder gar mehrere Etagen? Gibt es Passagiere an Bord und eine Mannschaft? Wenn Sie so durch Ihr Schiff gehen, sehen Sie über die Rehling. Wohin segelt Ihr Schiff? Was können Sie vom

Schiff aus sehen? Ist in der Ferne ein Ufer, ist Wellengang oder ruhige See? Welchem Wetter muss Ihr Schiff trotzen? Scheint herrlich die warme Sonne oder ist mit einem Schauer zu rechnen? Sie beschließen an die höchste Stelle Ihres Schiffes zu gehen – die Brücke oder der Aussichtskorb Ihres Dreimasters. Von dort haben Sie den Überblick und können sehen, wohin es geht. Wie fühlt es sich an dort oben? Sie können Ihr Schiff aus der Höhe betrachten – wie sieht es aus dieser Perspektive aus? Würden Sie an Ihrem Schiff gerne etwas ändern, die Farbe vielleicht, die Position der Liegestühle wechseln oder mehr Rettungsboote mit an Bord nehmen? Schauen Sie sich Ihr Schiff in Ruhe an. Stört Sie etwas? Freut Sie der Anblick? Es ist Ihr Schiff – Sie bestimmen, wie es aussieht, wer darauf fährt, und Sie können es ändern oder so lassen wie es ist. Sie sind der Kapitän und bestimmen, wohin es geht. Ändern Sie die Fahrtrichtung und das Ziel bis es stimmig für Sie ist. Wie geht es Ihnen jetzt da oben auf Ihrem Aussichtspunkt als Kapitän? Spüren Sie hin, wie es Ihnen geht, wenn Sie mit Ihrem Schiff reisen. Es ist Ihr Schiff und es bringt Sie dahin, wohin Sie wollen. Und Sie können es lenken, wohin Sie wollen. Probieren Sie es aus und lassen Sie es mal weiter nach links, mal nach rechts fahren. Sie haben das Sagen und die Verantwortung für Ihr Schiff, dass es gut und sicher den nächsten Hafen erreicht. Stellen Sie sich vor, Sie erreichen nach langer Reise den nächsten Hafen. Sicher und zielstrebig haben Sie Ihr Schiff gelenkt und den Anker gesetzt. Nun liegt es ruhig und geborgen im Hafen, sanfte Wellen umspielen den Bug. Sie schauen Ihr Schiff an. Wie fühlt es sich an, sicher und gut angekommen zu sein?

Nehmen Sie das Bild Ihres Schiffes mit aus der Übung, wenn Sie nun dreimal tief ein- und ausatmen und sich strecken und recken, um wieder ganz in Ihre Wohnung zurückzukehren.

Machen Sie sich klar: Ihr Leben ist Ihr Schiff. Sie steuern das Schiff, Sie entscheiden und Sie tragen die Verantwortung für die Reise und die Ziele. Niemand anderes trägt die letzte Entscheidungsbefugnis – nur Sie allein. Sie haben das Sagen auf Ihrem Schiff. Haben Sie das Gefühl, fremdbestimmt zu sein, das ohnmächtige Gefühl, nichts ausrichten zu können oder das Gefühl, keine Macht und Entscheidungskraft über Ihr Leben zu haben, dann nehmen Sie dieses Bild zur Hilfe und lassen Sie es in Ihrer Fantasie lebendig werden.

Wenden Sie Ihren Blick und sammeln Sie Ihr Glück

Stress und Sorgen, Probleme und Grübeleien, Planungen und Zweifel, Ängste und Ärger – all das lässt unseren Blick auf dem Negativen haften. Alles hat seine Zeit. Natürlich gibt es Zeiten, in denen unser Verstand auf Hochtouren laufen muss, in denen uns Ereignisse emotional stark beschäftigen, in denen wir uns fremdbestimmt und gehetzt fühlen, in denen unsere Prioritäten und Fähigkeiten in Frage gestellt werden und wir auf Hilfe und Unterstützung von außen angewiesen sind. Wir haben das Gefühl, das Glück ist immer da, wo wir gerade nicht sind. Daran ändern auch das dickste Bankkonto, der schickste Anzug oder der beste Job nichts.

Doch es gibt genauso Zeiten, in denen das nicht so ist, Zeiten, in denen un-

ser Herz gefragt ist, unser Mitgefühl, unsere Freude, in denen wir uns ausleben können, in denen wir uns genau zur richtigen Zeit am richtigen Ort fühlen, Zeiten, in denen wir für uns und andere da sein können, wo wir genau spüren, wer es gut mit uns meint und uns demütig und dankbar fühlen, Zeiten, in denen wir die Welt umarmen möchten und uns Kleinigkeiten zum Jubeln bringen. Mitten an einem sorgen- und stressvollen Tag kann so eine Zeit sein. Dafür müssen wir nicht auf das nächste Wochenende, den nächsten Urlaub, die nächste Gehaltserhöhung oder den sehr unwahrscheinlichen Lottogewinn warten. Sie können natürlich auch Ihr ganzes Leben lang warten. Wenn Sie das wünschen.

Sie können jeden Tag „Stopp" sagen und Ihre Aufmerksamkeit auf Gutes und Schönes lenken. Das ist eine Frage der Übung. Am Anfang müssen wir uns vielleicht etwas zwingen. Vielleicht wollen wir sogar gar nicht, dass es uns besser geht, Jammern kann ja so schön sein – am Ende haben wir nichts mehr zu meckern. Wir haben uns so an unsere Sichtweise und Traurigkeit gewöhnt, dass wir uns unser Leben gar nicht mehr ohne sie vorstellen können. Wir denken, in unserem Leben gibt es nichts mehr zu Lachen, es darf keine Freude mehr geben und das müsste so sein. Muss es aber nicht.

Über Glück redet man nur, wenn es nicht da ist. Wir trauen uns nicht zu erzählen, wenn es da ist und wir uns glücklich fühlen oder uns etwas besonders Schönes widerfahren ist. Man könnte ja jemandem, dem es gerade nicht so gut geht, auf die Füße treten. Und man möchte auch, dass die Leute denken, man hätte es schwer im Leben und sich alles hart erarbeitet. Das eine hat mit dem anderen aber überhaupt gar nichts zu tun. Im Gegenteil. Sich Dinge zu erarbeiten, macht glücklich. Glück ist eine Frage der Entscheidung. Die nächste Übung hilft Ihnen, Ihre Aufmerksamkeit auf Positives zu lenken.

Setzen Sie sich in Ihren Lieblingssessel, so dass Sie gut und bequem sitzen können. Atmen Sie dreimal tief ein und aus und schließen Sie dann Ihre Augen.

Lenken Sie Ihre Aufmerksamkeit nach draußen in die Welt. Lauschen Sie ihren Geräuschen, riechen Sie ihre Gerüche, spüren Sie ihre Bewegungen, ihre Hektik und ihre Anforderungen. Aus dieser guten Distanz von Ihrem Lieblingssessel aus, können Sie sie sich genauer anschauen. Hören Sie hin, riechen Sie, nehmen Sie sie wahr.

Und schauen Sie sich Ihre eigenen Gedanken an. Was ist da oben alles los in Ihrem Kopf? All die vertrauten Quälgeister und Grübeleien sind wieder da. Begrüßen Sie sie wie einen guten Freund. Und sagen Sie ihnen: „Wie schön, dass Du da bist, ich hatte Dich schon erwartet. Nur zur Zeit ist es ungünstig, später bist Du wieder dran, jetzt bin ich bei mir."

Und nun schauen Sie sich an, was Sie heute alles erlebt und gemacht haben. Da war viel los, Termine und Arbeit, Sorgen und Überlegungen. Gehen Sie Ihren Tag noch einmal in Gedanken durch.

Doch bei alldem, erinnern Sie sich an Ihr Lachen. An diese gute losgelassene Fröhlichkeit. Haben Sie heute gelacht?

Und weiter wandern Ihre Erinnerungen zu Ihrer Liebe – diesem warmen Gefühl des Aufgehobenseins. Wo haben Sie heute Liebe empfunden?

Heute sind Ihnen Menschen mit ihren Sorgen und ihrer Freude begegnet. Sie erinnern sich auch an Ihre eigenen Gefühle, Ihr eigenes Glück. Wo haben Sie heute echtes und wahrhaftiges Berührtsein zugelassen?

Menschen, die Ihnen etwas Gutes getan haben, die für Sie eingesprungen sind, Ihnen geholfen haben, etwas, was Sie selbst geschafft haben, für sich getan haben. Wo haben Sie heute gelobt? Und wo haben Sie Dank ausgesprochen – auch zu Ihnen selbst?

Bringen Sie Ihr Lachen, Ihre Liebe, Ihr Berührtsein, Ihr Loben und Ihren Dank mit aus der Übung in Ihr Zimmer. Lassen Sie sie Bestandteil Ihres Tages sein. Nun atmen Sie noch einige Male gut und tief ein und aus und öffnen Sie dann wieder Ihre Augen. ◼

Machen Sie jeden Abend diesen Rückblick oder fangen Sie morgens damit an, indem Sie sich vornehmen, Ihr Lachen, Ihre Liebe, Ihr Berührtsein, Ihr Loben und Ihren Dank mit in den Tag zu nehmen und sich fragen, wo Sie heute lachen, loben usw. wollen.

Was löst in Ihnen Glücksgefühle aus? Was macht Ihnen wirklich Freude? Worüber freuen Sie sich? Worüber können Sie herzhaft lachen? Machen Sie eine Liste mit all diesen schönen Dingen! Das können Leckereien sein, Speisen, Hobbys, schöne Orte, Interessen, andere Menschen, Ereignisse, Filme, Texte, Gedichte, Bücher, Musik, Erinnerungen, Momente, Gegenstände, Ausflüge – egal, was es ist, setzen Sie Ihrer Fantasie keine Grenzen. Alles, was Sie erfreut, womit Sie sich gerne umgeben und woran Sie gerne denken, kommt auf die Liste. Schreiben Sie Ihre Liste jetzt!

Überprüfen Sie Ihre Liste: Stehen da wirklich Dinge drauf, die Sie glücklich machen? Oder ist einiges aus Gewohnheit auf der Liste gelandet? Weil Sie oder jemand anderes das erwartet? Oder weil es schon immer so war? Gehen Sie Ihre Liste noch einmal Punkt für Punkt durch – welche Gefühle kommen Ihnen bei dem Gedanken an die einzelnen Punkte? Sind Überraschungen auf der Liste, Dinge, die Sie bisher noch nicht bewusst mit Glück verbunden haben? Trauen Sie sich, auch diese Dinge aufzuschreiben!

 Schauen Sie in den Spiegel: Sehen Sie glücklich aus? Ein strahlender Gesichtsausdruck zeigt Ihren Glückszustand. Üben Sie vor Ihrem Spiegel Ihr Lächeln. Lächeln Sie sich an, bis Ihr Spiegelbild Ihnen sympathisch erscheint. Befreien Sie sich mit einem herzhaften Lachen. Legen Sie sich eine Sammlung mit lustigen Dingen an. Sammeln Sie lustige Dinge für schlechte Momente – witzige Filmszenen zum Beispiel von Louis de Funes, Jerry Lewis, Tim Curry, Mel Brooks, Jacky Chang oder Loriot, bei denen Sie sich wegwerfen könnten vor Lachen, Lieder, bei denen Sie gar nicht anders können, als mitzusingen. Lachen und singen Sie jeden Tag.

Schreiben Sie jeden Abend auf, worüber Sie sich am Tag gefreut haben und was Ihnen Schönes widerfahren ist. Eine Liste für jeden Tag. Fangen Sie damit gleich heute Abend an! Die erste Woche schreiben Sie jeden Tag mindestens drei erfreuliche Dinge auf, in der zweiten Woche steigern Sie Ihre Liste auf fünf Dinge und ab der dritten Woche sollten es zehn Dinge sein, die Sie am Tag glücklich gemacht haben.

Atmung ist unser Lebenselixier

Die Atmung ist unser Lebenselixier, es ist ein innerliches, automatisches Geschehen. Und besonders in stressigen Zeiten – ob äußerer Stress im Beruf oder Terminkalender oder innerer Stress mit Sorgen oder Emotionen wie Trauer oder Angst – nehmen wir sie kaum mehr bewusst wahr, geschweige denn ernst. Wir atmen viel zu flach und viel zu hektisch und schnell, so dass wir stets zu wenig Sauerstoff zur Verfügung haben. Während man sich mit einem hohen Sauerstoffgehalt „high" fühlt. Sportler kennen zum Beispiel dieses Gefühl, wenn sie durch die Anstrengung gezwungen sind, tiefer zu atmen. Wahrscheinlich ist es dieses gute Gefühl, das viele Hobbysportler zu Ausdauersportarten bringt.

Machen Sie sich Ihren Atem bewusst! Denn dann können Sie lernen, ihn zu lenken und er kann Ihnen als ein Instrument dienen, mit dem Sie Vorgänge des Körpers, die sonst automatisch ablaufen, beeinflussen können – wie zum Beispiel die Pulsfrequenz, die Verdauung, Müdigkeit usw. Auch emotionalen Vorgängen wie zum Beispiel Angst, Aufregung, Ärger, Trauer, Depression, müssen Sie sich nicht einfach ausgesetzt fühlen, Sie können sie unterstützen, regulieren, lindern und beeinflussen.

Wir profitieren mit einer erhöhten Ausgeglichenheit von einer gleichmäßigen und tiefen Atmung, weil die Sauerstoffzufuhr verbessert ist. Außerdem steigern wir unsere geistigen Kräfte, unsere Konzentrations- und Gedächtnisleistung, aber auch unser Urteilsvermögen, das eigenständiger, freier und unabhängiger wird, weil die Leistung der rechten Ge-

hirnhälfte gefördert wird, die für Phantasie, Traumleben sowie für Kreativität zuständig ist.

☀ Wie wirksam die Achtsamkeit des Atems ist, können Sie ganz einfach ausprobieren, indem Sie sich drei bis fünf Minuten ruhig auf einen Stuhl setzen und ausschließlich auf Ihren Atem achten. Schließen Sie Ihre Augen und blenden Sie alle anderen Gedanken aus, Ihre Aufmerksamkeit gilt nur Ihrem Atem. Verlängern Sie die Zeit des Ein- und Ausatmens und schauen Sie Ihrem Atem zu, beobachten Sie ihn ganz passiv. Schon sehr bald fühlen Sie eine wohltuende Ruhe. ■

In China wird davon ausgegangen, dass eine beruhigende Atmung das Leben verlängert. Jeder Mensch hat eine bestimmte Anzahl von Atemzügen für sein Leben zur Verfügung und je schneller und aufgeregter der Mensch atmet, desto schneller ist die Lebenskraft aufgebraucht. Als Bild stellen Sie sich die über hundert Jahre alte Schildkröte mit ihrer langsamen Atmung vor, und als Gegenbild den hektischen, kurzlebigen Affen. In China atmen die Menschen durchschnittlich neun Mal die Minute, während im hektischen Europa durchschnittlich 16-mal die Minute geatmet wird.

Führen Sie die nachfolgenden Atemübungen täglich aus, so arbeiten Sie täglich an Ihrem Glücksgefühl und Ihrem Wohlergehen. Alle nachfolgenden sechs Übungen haben eine bestimmte Wirkung – sie sind vitalisierend, wirken gegen Angst oder Aufregung, sind stärkend etc. Diese Wirkung können Sie noch verstärken, indem Sie Vorstellungen und Bilder zur Hilfe nehmen. Denn Bilder wirken auf die Seele, die sie dann verarbeiten und mitnehmen kann. Bilder bleiben der Seele präsent. Wichtig für die Wirkung der Übungen ist, dass Sie sie vor allem als Anfänger unter optimalen Bedingungen ausführen: Im Raum sollte es ruhig sein, Störquellen sollten Sie ausschließen, indem Sie Ihr Telefon und die Türklingel ausstellen und Sie sollten den Raum vor der Übung gut durchlüften. Üben Sie stets mit aufrechtem Rücken, dies sollten Sie auch bei den sitzenden Übungen beachten sowie mit geschlossenen Augen. Während einer Übung atmen Sie durch die Nase ein und durch den Mund aus. Die Ausatmung wird dabei besonders betont, atmen Sie bewusst genüsslich und langsam aus – mit viel Ruhe und im Zeitlupentempo. Suchen Sie sich die für Sie passende Übung mit der gewünschten Wirkung aus und führen Sie sie jeden Morgen als Start in den Tag aus. Probieren Sie Ihre Übung mal am offenen Fenster oder auf dem Balkon – Sie werden von der Wirkung begeistert sein.

☀ **Atembeobachtungs-Übung**
Diese Übung wird stehend ausgeführt. Achten Sie auf eine aufrechte Haltung. Atmen Sie jeweils fünf bis sieben Mal, bevor Sie innerhalb der Übung zum nächsten Schritt weitergehen. Halten Sie Ihre Augen geschlossen, sollte Ihnen dies unangenehm sein, können Sie die Übung auch mit geöffneten Augen durchführen. Dann sollten Sie jedoch einen festen Punkt mit Ihrem Blick fixieren – zum Beispiel ein schönes Bild, eine Kerze oder eine schöne Pflanze –, so dass Sie nicht

durch visuelle Reize abgelenkt werden. Atmen Sie durch die Nase ein und durch den Mund aus. Bei dieser Übung geht es darum, sich den eigenen Atem bewusst zu machen, ihn zu beobachten, nicht zu kontrollieren, sondern sich ihm hinzugeben, ihn laufen zu lassen. Atmen Sie so lange wie möglich aus. Diese Übung wirkt allgemein beruhigend. Als verstärkenden Satz können Sie sich während der Übung immer wieder den Satz „Ich lasse mich ein", „Ich lasse los" oder „Ich bin ganz ruhig" vorstellen.

Legen Sie Ihre rechte Hand auf Ihren linken Brustkorb unterhalb des Schlüsselbeins, Ihre Fingerspitzen zeigen in Richtung Ihrer linken Schulter. Spüren Sie einfach nur hin, wie viel Atembewegungen Sie dort fühlen. Atmen Sie in dieser Haltung fünf bis sieben Mal. Atmen Sie stets ganz genüsslich aus, lassen Sie alles raus, solange es angenehm ist.

Nun legen Sie Ihre Hände an die Hüfte, die Daumen zeigen nach vorne, die übrigen Finger zeigen nach hinten zur Wirbelsäule. Auch hier spüren Sie den Atembewegungen nach und achten auf eine langsame Ausatmung.

Legen Sie Ihre Hände auf die Bauchdecke, Ihre Finger weisen in Richtung Leiste. Auch hier spüren Sie Ihrer Atembewegung nach. Außer der verlangsamten Ausatmung beeinflussen Sie Ihren Atem nicht.

Zum Schluss lassen Sie Ihre linke Hand auf Ihrem Bauch liegen. Ihre rechte Hand legen Sie wie im ersten Schritt beschrieben auf Ihren Brustkorb. Nun können Sie den gesamten Atemraum spüren.

Zum Abschluss der Übung lassen Sie Ihre Arme hängen und atmen Sie ein paar Mal normal, tief ein. Öffnen Sie Ihre Augen.

Vollatmung-Übung

Diese Übung wird im Stehen durchgeführt. Die Ausatmung sollte auch hier immer deutlich länger als das Einatmen sein. Diese Übung wirkt vitalisierend sowie gegen Müdigkeit. Unterstützen Sie die Wirkung durch die Vorstellung: „Ich sammle Kraft und Lebensfreude mit jedem Atemzug." Versuchen Sie, sich dies bildlich vorzustellen.

Legen Sie Ihre rechte Hand auf Ihren Bauch und die linke Hand auf den Brustraum und schließen Sie Ihre Augen. Atmen Sie tief in den Bauch, machen Sie eine kleine Pause und ziehen Sie sich innerlich wie eine Marionette, die an einem Faden hängt, nach oben zum Himmel. Ihr Brustraum weitet sich dadurch und wird größer, so dass Sie noch ein bisschen mehr Platz zum Nachatmen haben. Lassen Sie die Luft langsam und genüsslich durch Ihren Mund raus fließen. Beginnen Sie mit dem Rauslassen der Luft oben in Ihrem Brustraum und atmen Sie aus, bis auch der Bauchraum leer ist. Helfen Sie mit den Bauchmuskeln nach, bis die gesamte Luft raus ist. Zwischen den Atemzügen können Sie ein paar Mal normal atmen, das ist angenehmer. Atmen Sie auf diese „Marionetten"-Weise fünf Mal.

„Suppe blasen"-Übung

Führen Sie diese Übung im Sitzen aus und achten Sie auf eine aufrechte Haltung. Die Wirkung der Übung ist besonders in Lern- und Prüfungsphasen wohltuend – sie bewirkt geistige Klarheit, steigert die Konzentrations- sowie Gedächtnisleistung. Mit der Vorstellung „Ich bin hellwach und klar im Kopf" unterstützen Sie die Wirkung. Schließen Sie Ihre Augen und spitzen Sie Ihre Lippen

wie zum Pfeifen, atmen Sie tief durch die Nase ein. Durch die gespitzten Lippen atmen Sie aus, als ob Sie einen Löffel heißer Suppe kühlen wollten. Halten Sie zur Kontrolle eine Handfläche vor Ihren Mund. Wiederholen Sie diese Übung fünf Mal.

Bauchatmungsübung

Auch diese Übung lässt sich sitzend ausführen. Achten Sie auf eine aufrechte Haltung, Ihre Augen sind während der Übung geschlossen. Die Übung unterstützt Sie bei der Befreiung von Ängsten sowie Aufregung, beruhigt starke Emotionen wie Wut und Ärger, lindert Menstruationsbeschwerden sowie Schmerzen im Unterbauch. „Ich bin standhaft und unangreifbar wie ein Fels" oder „Ich finde in mir Halt" sind unterstützende Assoziationen. Legen Sie Ihre Hände auf Ihren Bauch und atmen Sie in den Bauch ein, bis er ganz gefüllt ist. Machen Sie sich klar, dass Ihr Bauch Ihre Mitte ist, die Sie stärken, um festen Halt zu bekommen. Nach dem Einatmen machen Sie eine kleine Pause. Mit Hilfe eines langgezogenen ffff aus halboffenen Mund atmen Sie aus, bis Sie ganz leer sind, wie von einer Last befreit.

„Kraft tanken"-Übung

Zu dieser Übung stellen Sie sich aufrecht hin und schließen Sie Ihre Augen. Mit dieser Übung tanken Sie Kraft und Energie: „Ich bin voller Energie und Kraft". Legen Sie Ihre Hände mit geöffneten Handflächen ineinander. Beim Einatmen ziehen Sie langsam die ineinandergelegten Hände nach oben, am Gesicht vorbei, bis zum Scheitelpunkt, so dass die Handinnenflächen zum Scheitel weisen. Beim Ausatmen lösen Sie die Hände, indem Sie die Arme seitlich ausbreiten, senken und mit einer runden Bewegung in die Ausgangsposition zurückkehren.

Expansions-Übung

Stellen Sie sich zu dieser Übung aufrecht hin, Ihre Augen sind geschlossen. Diese Übung stärkt Ihr Selbstvertrauen, vermittelt Ihnen ein Gefühl der Freude und des Wohlbefindens, sie wirkt gegen Schüchternheit und Lampenfieber. Sagen Sie sich während der Übung: „Ich kann, ich kann." „Ich bin frei, ich bin frei" oder „Ich umarme die Welt." Stellen Sie sich vor, Sie stehen auf einem Bergrücken und der Wind weht Ihnen um die Nase. Beim Einatmen zählen Sie bis eins, dabei heben Sie Ihre Arme etwas nach vorne hoch, auch beim Ausatmen zählen Sie bis eins und senken die Arme wieder.

Beim nächsten Atemzug zählen Sie bis zwei, so dass Sie Zeit haben, Ihre Arme in einer fließenden Bewegung noch etwas höher zu heben. Beim Ausatmen lassen Sie die Arme wieder senken.

Das nächste Mal zählen Sie bis drei, und die Armbewegung kann noch größer sein.

Schließlich zählen Sie beim Einatmen bis vier und lassen Ihre Arme ganz nach oben wandern, so, als ob Sie die Welt umarmen möchten.

Diesen vierten Schritt wiederholen Sie einmal. Dann geht es Schritt für Schritt wieder abwärts zurück zur eins.

Oft gehen wir uns selbst im Alltag verloren. Die Atemübungen helfen Ihnen, sich selbst zu spüren. Sie durchlüften unseren Körper und füllen uns mit neuer Lebensenergie. Sie müssen nicht müde auf dem Sofa sitzen oder erschöpft auf das Buch starren, in dem Sie seit zehn Minuten keine Seite umgeblättert haben. Stellen Sie sich ans offene Fenster und führen eine der Atemübungen durch. Sie können täglich unersättlich leben – Glück ist eine tägliche Entscheidung.

Tanzen weckt die Lebensgeister

Stecken Sie in einer Krise? Sehen Sie Ihr Glück ganz weit weg und unerreichbar für Sie? Brummt Ihnen nach viel Arbeit der Kopf? Wartet eine schwere Aufgabe auf Sie? Sind Sie abends voller Gedanken, Sorgen und Grübeleien? Schließen Sie aus, dass es Glück in Ihrem Leben geben kann? Oder erscheint es Ihnen einfach zu aufwendig und mühsam, Ihr

Glück anzustreben und zu erreichen? Wenn Sie davon überzeugt sind, dass Glück momentan keinen Platz in Ihrem Leben finden kann, weil etwas so Großes nicht in Ihr bescheidenes kleines Dasein passt, ist die nächste Übung genau die richtige für Sie. Haben Sie auch nur eine der vorausgegangenen Frage mit „Ja" beantwortet, wird Sie die Wirkung der nächsten Übung in positives Erstaunen und Freude versetzen.

In einem Moment, in dem Sie sich besonders müde und ausgelaugt fühlen und Ihr Glück unerreichbar scheint oder wenn Sie sich einfach auffrischen und stärken wollen, machen Sie Folgendes:

Legen Sie alles, was Sie noch in den Händen halten – Schreibkram, Kochutensilien, Telefon, was auch immer – zur Seite und sagen Sie laut: „Stopp, es geht auch anders." Nun haben Sie erst recht etwas Gutes verdient! Gönnen Sie es sich und nehmen Sie sich diesen kleinen Augenblick.

Legen Sie Ihre Lieblings-CD auf und schalten Sie Ihr Lieblingslied ein. Drehen Sie auf volle Lautstärke und dann geht's los: Tanzen, hüpfen und springen Sie nach Herzenslaune! Lassen Sie alles raus, was in Ihnen ist – niemand sieht Ihnen zu, tanzen Sie ganz für sich. Schließen Sie die Augen, so dass Sie die Außenwelt für diesen Moment vergessen können. Bewegen Sie sich, wie es Ihnen passt, setzen Sie Ihrem Tanz keine Grenzen und bewerten Sie ihn nicht. Erlauben Sie es sich, frei zu sein. Ihnen ist danach, die Arme in die Luft zu werfen – machen Sie es. Ihnen ist danach, wie ein Hampelmann zu hüpfen? Machen Sie es. Ihnen ist nach Bauchtanz? Schwingen Sie Ihre Hüften. Wenn Sie den Eindruck haben, dass es sich nicht gut oder nicht wild genug auf Ihr Lied tanzen lässt, empfehle ich Ihnen das Lied „Walking on Sunshine" von Katrina and the Waves – denn „It's time to feel good!"

Spüren Sie, wie dieser Tanz Ihre Lebensgeister weckt. Es geht um keine bestimmte Schrittfolge, keine erwartete Bewegungsabfolge und auch um keinen Wettbewerb. Sie entscheiden, wie Sie tanzen wollen und befreien sich von festen Regeln, die Sie wie Ketten gefangen nehmen. Tanzen ist ein einfaches Mittel, um die eigene Lebensfreude wieder zu empfinden. Dazu braucht es keinen großen Aufwand. Legen Sie einfach los. Jetzt gleich! Umso schwieriger und trüber Ihr Leben Ihnen derzeit erscheint oder umso anstrengender die Aufgabe ist, die Sie gerade bearbeiten, umso mehr Ausgelassenheit brauchen Sie jetzt in Ihrem Leben. So entsteht wieder eine Balance. Genug gegrübelt und den Kopf angestrengt, nun ist der Körper dran.

Anschließend können Sie die Wirkung der Übung noch steigern, indem Sie zwanzig Minuten ein wohltuendes Schaumbad nehmen, das angenehm duftet. Entspannen Sie Ihren Körper. Das besondere Bonbon setzen Sie noch oben drauf, wenn Sie sich hinterher mit nackten Füßen auf Ihr Sofa setzen und Ihre Füße, die sich heute für Sie angestrengt haben, massieren und durchkneten – am schönsten ist das, wenn Sie dabei eine große Portion Feuchtigkeitscreme nehmen. Nehmen Sie so viel, dass Sie den Eindruck haben, dass Sie sie niemals einmassiert bekommen. Zehn Minuten pro Fuß und Sie werden sich wohler fühlen. Geben Sie sich dabei ganz diesem Augenblick hin – kein Fernseher, kein Radio, kein Gespräch.

Kreativität bringt Inneres zum Ausdruck

Die Seele fühlt in Bildern, sie denkt nicht in abstrakten Wörtern oder Begrifflichkeiten und folgt keiner rationalen Logik. Das macht es uns manchmal schwer, das auszudrücken, was in uns ist. Haben Sie auch schon öfter nach Worten gesucht, um Ihre Gefühle zu beschreiben? Selbst wenn Sie innerlich verstehen, wenn Sie eine klare Vorstellung davon haben, was in Ihnen ist – wie können Sie das ausdrücken? Worte, die Ihnen zur Verfügung stehen, sind sämtlich vorgeprägt und treffen meistens nicht ganz das, was Sie meinen. Sie müssten wohl eigene Worte kreieren, um treffend Ihr Innenleben beschreiben zu können. Und das ist sogar ein sehr kreativer Prozess, der Ihrer inneren Wahrheit wohl nahe käme. Viele Menschen greifen in Form von Gedichten auf diese Ausdrucksform zurück. Sehr oft ist uns auch gar nicht zum Reden zumute. Wir wollen unseren Kopf nicht länger anstrengen, ist er doch eh überbelastet.

Mit jeder Art von Kreativität können Sie etwas ausdrücken, etwas von innen nach außen bringen. Sich auszudrücken bedeutet, Dinge sichtbar werden zu lassen, die sonst unsichtbar bleiben würden. Diese Dinge wirken dann nicht länger aus dem Verborgenen und rauben Ihnen Energie und Freude. Ausgedrückte Dinge lassen sich ansehen und verstehen. Wenig ist schmerzlicher und lähmender für einen Menschen, als ihm die Möglichkeit zu nehmen, sich auszudrücken und mitzuteilen und das nach Außen zu tragen, was in ihm ist. Dabei geht es oftmals nicht nur um das Mitteilen anderen Menschen gegenüber – es gibt weit mehr Möglichkeiten, sich auszudrücken. Jegliche Form des Gestaltens ist eine Weise davon. Wie gestalten Sie sich selbst? Ihren Alltag? Ihre äußere Erscheinung? Wie gestalten Sie Ihre Wohnung, Ihren Arbeitsplatz, das Innenleben Ihres Autos, Ihres Gartens? All das sind wichtige Ausdrucksmöglichkeiten, die ernst genommen Ihre Kreativität fördern können.

 Stellen Sie sich jetzt vor einen Spiegel: Was sehen Sie? Versuchen Sie mit den Augen eines Fremden, zufälligen Beobachters zu schauen. Welche Wirkung hat Ihr Gesichtsausdruck? Ändern Sie ihn jetzt nicht bewusst, sondern schauen Sie einfach wertfrei in den Spiegel. Beobachten Sie sich. Schauen Sie einfach hin. Was drückt Ihre Körperhaltung aus? Was sagt Ihre Kleidung? Üben Sie Ausdrucksmöglichkeiten vor Ihrem Spiegel. Eine aufrechte Körperhaltung, ein gerader Blick, der Kopf gerade, die Beine leicht auseinander, so dass Sie sicher stehen, drückt Selbstvertrauen aus. Gehen Sie in dieser aufrechten Weise auf Ihr Spiegelbild zu. Mit jedem Schritt sagen Sie zu sich selbst – sagen Sie es laut: „Ich bin wichtig und wertvoll", „wichtig, wertvoll, wichtig, wertvoll."

Gehen Sie mit demselben Blick eines Fremden wertfrei beobachtend durch Ihre Wohnung. Was sieht der Beobachter? Wie fühlt sich der Beobachter, wenn er die einzelnen Räume betritt? Wofür würde der Beobachter Sie loben? Was würde ihn erfreuen? Gehen Sie in den Raum, in dem sich der Beobachter am wohlsten fühlt. Was ist das Besondere an diesem Raum? Was hat dieser Raum, das die anderen nicht in dieser Weise haben? Überwiegt hier zum Beispiel eine besondere Farbe? Ist der Raum übersichtlich und ordentlich? Stehen Pflanzen in dem Raum? Versuchen Sie das, was diesen Raum besonders auszeichnet, in die anderen Räume zu übersetzen.

Menschen brauchen Reaktionen, um sich orientieren zu können und Antworten, um innerlich wachsen zu können. Um das zu erhalten, müssen wir uns ausdrücken. Auch jede Form der Konfrontation, des Konflikts und des Widerstands sind bereichernder und belebender als lähmende Ignoranz, Unauffälligkeit und unwahrhaftige Harmonie. Ein Mensch, der sich nicht ausdrückt, findet sozusagen nicht statt. Oder höchstens in seinem Kopf. Oder würden Sie sich vor eine Menschenmenge stellen und behaupten, Sie seien Klavierspieler, haben sich einem Klavier aber noch nie bis auf zwei Metern genähert? In Ihrem Kopf kann das natürlich alles stattfinden, aber was gibt es Traurigeres, als die Bilder nicht Wirklichkeit werden zu

lassen? Was gibt es Sinnloseres als einen Klavierspieler ohne Klavier, einen Maler ohne Farben, einen Dichter ohne Worte? Leben Sie Ihre Kreativität! Finden Sie Ihre Ausdrucksform!

Bei jeder Form der Kreativität zählt der Weg mehr als das Ziel. Sie müssen kein Virtuose oder großer Maler werden. Es geht nicht um das „Wohin", es geht um den Ausdruck im Hier und Jetzt. Der kreative Prozess löst Glücksgefühle und Freude aus. Gehen Sie auf in diesem Augenblick. Sie und Ihr Bild oder Ihr Instrument sind in diesem Moment wichtig und nichts anderes. Sie werden merken, sich auszudrücken, ein eigenes Bild zu malen, selbst Musik zu machen oder ein eigenes Gedicht zu schreiben, macht Sie lang anhaltender glücklich, als dies alles von anderen bloß zu konsumieren. Weil es ein Teil von Ihnen ist, weil Sie in diesem Moment ganz bei sich sein können und Zeit für sich haben. Sie werden eins mit dem, was Sie tun. In diesen Momenten passiert nichts Großes, Weltbewegendes. Das Glück ist sehr klein, wichtig ist Ihre Bewertung. Sie setzen den Maßstab, der Ihr eigenes Glück bestimmt.

Nehmen Sie ein großes Blatt Papier und Stifte. Egal ob es Wachsmaler, Buntstifte oder Filzmaler sind – was Sie zu Hause haben, können Sie verwenden. Setzen Sie sich bequem hin – an einem Tisch, aber auch mit einem Kissen auf dem Boden zu sitzen, kann sehr anregend sein. Schließen Sie Ihre Augen und lassen Sie alle Farben vor Ihrem inneren Auge erscheinen. Nacheinander Rot – Orange – Violett – Blau – Grün – Gelb. Schauen Sie sie nacheinander an, wertfrei und unabhängig von Ihrer Lieblingsfarbe. Dann lassen Sie sie alle ineinander fließen. Welche Farbe entsteht aus diesem bunten Kreisel? Welche bleibt? Schauen Sie einfach mal, welche Farbe sich Ihnen zeigt. Nehmen Sie einen Stift dieser Farbe und malen Sie drauf los. Das, was auf das Papier will, das malen Sie. Figuren, Formen, Flächen, Kringel, Kreise – ganz egal, zehn Minuten einfach malen.

Welche Farbe haben Sie gewählt? Wie genau sieht Ihr Farbton aus? Und wenn Ihre Farbe eine Person wäre, welche Eigenschaften und Qualitäten hätte sie dann? Wäre sie launisch, wild, lebendig oder still? Und wenn Ihre Farbe sprechen könnte, was würde sie – in wörtlicher Rede – zu Ihnen sagen? Würde sie sagen „Du brauchst mehr Lebendigkeit" oder „Du bist müde und überladen" oder „Du willst Dich verändern" – was auch immer Ihre Farbe sagt, schreiben Sie es auf Ihr Bild. Was denken Sie, sagt Ihnen der Satz etwas? Können Sie damit etwas anfangen?

Farben drücken etwas aus, auch ohne Worte. In einer wissenschaftlichen Untersuchung zeigte sich, dass Menschen einen blau ausgestatteten Raum als deutlich kühler empfanden als einen roten, obwohl in beiden Räumen in Wirklichkeit die gleiche Temperatur herrschte. Farben wirken. Farben tun gut, wühlen auf, schrecken ab oder trösten. Sie sind mit Emotionen verbunden, also unmittelbar mit uns und unseren Empfindungen.

Auch Ihre Farbe hat eine Wirkung auf Sie. Was drückt Ihre Farbe aus, für welche Eigenschaften steht sie für Sie, was sagt sie Ihnen? Ist Ihr Rot voller Kraft und Freude? Oder strahlt Ihr Blau Stille und Ihr Violett Veränderung aus? Übertragen Sie diese Bedeutung auf Ihr Leben – was steht

an in Ihrem Leben, in welcher Lebenssituation sind Sie? Ihre Farbe kann Ihnen Unterstützung und Anregungen geben. In zwei Wochen sollten Sie die Farbübung wiederholen und schauen, ob sich Ihre Farbe geändert hat oder ob sich eine ganz andere Farbe zeigt. Sie erkennen, welche Farbe Ihre Farbe ist, wenn Sie sich allen Farben öffnen und nicht eine bestimmte aussuchen oder sich auf eine einzige konzentrieren. ■

Die folgende Übersicht kann Ihnen Anregungen geben bei der Interpretation Ihrer Farbe. Die Liste ist nicht vollständig – Sie können gerne eigene Assoziationen zu den Farben hinzufügen. Bevor Sie sich jedoch die Liste zur Hilfe nehmen, um Ihre Farbe zu verstehen, schauen und spüren Sie erstmal selbst, was Ihnen Ihre Farbe sagen möchte. Beachten Sie auch die Nuance Ihrer Farbe, ist sie hell, dunkel, warm oder kalt.

Rot: Liebe, Wärme, Power, Selbstbewusstsein, aber auch Macht, Achtung, im Sinne von Warnung, Aggression = Trennen, Grenzen setzen, nicht Destruktion = zerstören

Orange: Harmonie, Freundschaft, Öffnung, Gesundheit, Lebendigkeit

Gelb: Energie, Kraft, aber dosieren Sie diese Farbe gut, sonst ist sie eher destruktiv – die Sonne kann auch verbrennen, Freundlichkeit, aber sie ist auch Raum einnehmend, einengend

Grün: Entsprechend des genauen Farbtones hat Grün eine sehr unterschiedliche Bedeutung, Natur – Beruhigend, Entspannung, Wachstum, Hoffnung auf Weitergehen, ein helles Grün wirkt eher giftig, ein schmutziges Grün schimmelig.

Blau: Ruhe, Weite wie der Himmel, Tiefe wie das Meer, Platz für sich haben durch Weite, aber auch: sich verloren fühlen, Enge kann auch gemütlich sein, unergründlich, ungeklärt, Sehnsucht

Violett: Transformation, Veränderung, Weisheit, Vertrauen, Bewegung, auf dem Weg sein, noch nicht genau wissend wohin, Abschied

Schwarz: Trauer, Distanz, Geheimnisvolles, Eleganz, Neutralität, uneinschätzbar, Herausgehobenheit, drüber stehen, etwas Besonderes

Weiß: Unschuld, Reinheit, gebraucht für Taufe, Hochzeit, Kommunion. Weiß symbolisiert einen Übergang, etwas Neues beginnt, nicht wie bei dem Violett, sich erst auf dem Weg befindend, Neuling, unbeschriebenes Blatt Papier, das gefüllt werden kann

In jeder Lebensphase haben Sie eine bestimmte Farbe, die Sie besonders lieben und zu der Sie sich hingezogen fühlen. Diese Liebe zu einer Farbe drückt oft mehr als nur Mode aus und wird nicht bloß für Kleidung oder Accessoires gewählt. Es ist die Farbe, die Sie besonders brauchen, die Ihnen etwas sagen und weiterhelfen kann.

Mit allen Sinnen genießen

Wir genießen meistens einseitig und beschränken uns auf wenige Sinneswahrnehmungen. Wenn wir uns etwas Gutes tun wollen oder uns für etwas belohnen wollen, greifen wir zu vertrauten Dingen wie Kaffee, Schokolade, einen Einkaufsbummel oder wir legen uns hin und schlafen. Probieren Sie doch mal etwas Neues aus! Sie haben doch noch mehr Sinne zur Verfügung! Sie können mit allen Sinnen genießen und auf diese Weise Ihr Genuss- und Glücksspektrum erweitern. Beschränken Sie sich nicht. Wichtig ist, dass Sie die Sinneswahrnehmungen nicht zeitgleich erleben. Das führt zur Überreizung und erinnert Sie an stressige Zeiten. Jeder kennt das hektische morgendliche Treiben – aus dem Radio tönen schrille Lieder, der Kaffee ist extra stark, gleichzeitig versuchen Sie, die Zeitung zu lesen und mahnen Ihre Kinder zur Eile. Das kann nicht glücklich machen, das ist zu viel. So soll Ihre Sinnesreise natürlich nicht aussehen. Machen Sie eine Sinnesreise nach der anderen – so haben Sie mehr davon. Wählen Sie aus der Liste etwas Schönes aus – abends als Ausklang des Tages, morgens als Start in den Tag, zwischendurch als Erholung oder Glücksmoment.

Hören

Legen Sie Ihre Lieblings-CD auf oder suchen Sie sich ein Lied aus, nach dem Ihnen gerade besonders zumute ist. Hören Sie eine CD mit Entspannungsmusik. Davon gibt es eine ganze Vielzahl – Klavier, Harfe, Gesang, informieren Sie sich in Ihrem Plattengeschäft. Dort gibt es auch wunderbare CDs mit Naturgeräuschen – Wale, Wellen, Vögel, Wald, ein akustisches Glücksereignis! Am besten genießen Sie dies in einem Liegestuhl oder Liegesessel. Liegestühle gehören nicht nur an den Strand, auch für Ihr Wohnzimmer können Sie sich für einen solchen Moment einen gönnen. ■

Geschmack

Werfen Sie einen Blick auf all die leckeren Rezepte hier in diesem Buch. Probieren Sie sie nach Herzenslust aus.

Riechen

Legen Sie sich ein Sortiment von Duftölen mit ätherischen Ölen an. Mit Duftölen in warmem Wasser können Sie eine richtige Oase in Ihrem Zuhause schaffen. Orange, Zitrone sowie Grapefruit sorgen für Erholung, Erfrischung und Konzentration. Sie können sich damit an Orte Ihrer Träume versetzen – orientalisch, weihnachtlich, besinnlich oder belebend. Auch Räucherwerk wie Räucherstäbchen oder Räucherkegel gibt es in vielen Duftrichtungen – ob süßlich wie Vanille oder Rose oder klassisch herb wie Tanne oder Sandelholz, für jede Nase ist etwas dabei. Gönnen Sie sich ein duftendes Schaumbad – wonach steht Ihnen der Sinn? Mandelöl? Sinnessalze? Parfüms? Nach einem harten und langen Tag voller Arbeit ist das ein wahrer Genuss.

Fühlen

Nichts geht über eine wunderbare Massage. Jedoch brauchen Sie dafür helfende Hände – was, wenn die nicht zur Stelle sind? Es gibt eine gute Art der Eigenmassage, zum Beispiel mit Hilfe von Kirschkernkissen. Diese können Sie sich selbst herstellen, aber auch im Fachhandel kaufen.

Zu empfehlen sind auch etwa 30 bis 40 cm lange mit Kastanien gefüllte Stoffschläuche. Nehmen Sie sich zwei Stück. Diese können Sie im Backofen bei 100 °C eine Stunde erhitzen – anschließend legen Sie sie in Ihren Nacken oder Sie machen folgende Übung damit:

Legen Sie die warmen Kastanienschläuche parallel nebeneinander auf den Boden, im Abstand von ca. drei bis fünf cm. Anschließend legen Sie sich mit Ihrem Rücken auf diese Schläuche, so dass diese rechts und links entlang Ihrer Wirbelsäule liegen. Geben Sie acht, dass nicht Ihre Wirbelsäule selbst auf den Kastanienschläuchen liegt. Nehmen Sie kein Kopfkissen unter Ihren Kopf und üben Sie diese Übung auch nicht auf dem Sofa oder Bett. Die Wirkung ist auf hartem Untergrund effektiver. Noch wirkt Ihre Lage sehr unbequem, doch das wird sich bald ändern. Nur Geduld! Schalten Sie leise im Hintergrund Entspannungsmusik oder auch andere Instrumentalmusik an, und schließen Sie Ihre Augen. Achten Sie eine zeitlang auf die Musik und atmen Sie gleichmäßig tief ein und aus.

Lassen Sie bei jedem Ausatmen alles los, was Sie noch beschäftigt. Lassen Sie all Ihre Gedanken wie Wolken an Ihnen vorüberziehen. Spüren Sie nun zu Ihrem Rücken hin, dahin, wo die Kastanien liegen. Begrüßen Sie die noch unbequemen Kastanien wie einen guten Freund, der Ihnen etwas Gutes tun will. Spüren Sie die wohltuende Wärme, die von ihnen ausgeht und sich in Ihrem Rücken verteilt. Mit jedem Atemzug nehmen Sie die wohlige Wärme in sich auf.

Schicken Sie Ihren Atem tief in Ihren Bauch, lassen Sie ihn langsam Ihren Rücken entlang wandern, entlang der Kastanien. Und bei jedem Ausatmen lassen Sie mehr los, lassen Sie Ihre Muskeln lockerer werden. Wandern Sie nun mit Ihrer Aufmerksamkeit Ihre Wirbelsäule entlang, die zwischen den Kastaniensäckchen liegt, Wirbel für Wirbel.

Beginnen Sie bei Ihrem Halswirbel, können Sie ihn spüren? Können Sie hier noch etwas mehr Ihre Muskeln loslassen?

Nun wandern Sie weiter zu den Brustwirbeln, die in der angenehmen Wärme der Kastanien geborgen sind. Lassen Sie auch hier alle Anspannung los.

Ihre Aufmerksamkeit wandert weiter zu den Wirbeln Ihres unteren Rückens. Wie fühlen sie sich an? Halten Sie auch hier Ihre Muskeln nicht fest, lassen Sie Ihren Rücken noch mehr los und locker über die Kastanien sinken.

Und schließlich spüren Sie zu Ihrem Steißbein hin, versuchen Sie Ihren Atem bis hierhin fließen zu lassen, und auch hier lassen Sie Ihre Muskeln ganz weich werden.

Lassen Sie sich ganz in die Kastanien fallen, geben Sie immer mehr nach und entspannen Sie Ihre Muskeln.

Und mit diesem Gefühl ruhen Sie sich nun mit Ihrer schönen Musik aus, etwa fünf Minuten.

Nun nehmen Sie die Kastaniensäckchen heraus. Legen Sie sie einfach neben sich. Und gehen Sie wieder in Ihre Ruheposition.

Wie fühlt sich Ihr Rücken jetzt an? Spüren Sie noch einmal Ihre Wirbelsäule entlang, Halswirbel, Brustwirbel, unterer Rücken, Steißbein. Spüren Sie, wie gut Ihnen das Loslassen getan hat, wie weich und locker Ihr Rücken jetzt ist?

Genießen Sie noch einen Moment dieses wohlige Gefühl, dann kommen Sie allmählich wieder mit Ihrer Aufmerksamkeit zurück in Ihren Raum, atmen Sie dreimal tief ein und aus und öffnen Sie wieder Ihre Augen.

Diese Übung stellt eine Balance zwischen Spannung und Entspannung her, zwischen äußerer und innerer Wahrnehmung. Nie ist nur eine Seite gefragt, Sie brauchen beides: Engagement und Rückzug, Power und Stille. Doch durch Stress und Druck sind wir so angespannt, dass ein Ungleichgewicht entsteht. Oft merken wir das schon gar nicht mehr und halten die Anspannungen für normal, die körperlichen wie auch emotionalen. Folgen dieses Ungleichgewichts können körperliche Fehlhaltungen, Schmerzen und auch emotionaler Stress sein. Fragen Sie sich, wo Sie zuviel Energie reingeben. Wo spannen Sie überflüssigerweise Muskeln an, ohne sie wirklich zu brauchen? Wenn Sie zum Beispiel an Ihrem Schreibtisch sitzen – wieso spannen Sie dann Ihre Bein- oder Kiefermuskulatur an? Überprüfen Sie Ihre Muskulatur und lassen Sie das überflüssig Angespannte los. Wo geben Sie in Ihrem Alltag zu viel Energie hinein, die sinnlos und lähmend verpufft? Wo halten Sie etwas fest, das Sie gar nicht mehr brauchen? Glück bedeutet, eine Balance wiederzufinden, Ballast abzuwerfen und da Energie hineinzugeben, was Ihnen Sinn schenkt. ■

Sehen

Schauen Sie schöne Farben an – haben Sie ein farbenfrohes Bild, das Sie betrachten könnten? Wenn nicht, malen Sie es selbst! Umgeben Sie sich mit ausdrucksstarken Farben, haben Sie Mut zur Farbe. Wenn alles trist und düster ist, langweilen wir uns schnell und fühlen uns deprimiert. Schauen Sie so oft es geht ins Grüne – es reicht auch eine Ansammlung schöner Zimmerpflanzen. Kaufen Sie sich einen „unechten" Kamin, wenn Sie es lieben, in knisternde und springende Flammen zu schauen. Und entspannen Sie Ihre Augen durch einen Blick ins Weite. In der Enge werden Menschen aggressiv und

unglücklich. Wenn für Sie kein freier Blick in die Weite möglich ist, machen Sie folgende Übung:

Setzen Sie sich so auf den Boden oder auf das Sofa, dass Sie Ihre Knie anwinkeln können, so können Sie Ihre Arme später in der Übung auf Ihren Knien abstützen. Sie können sich auch einfach auf einen normalen Stuhl an einen Tisch setzen – wie Sie wünschen. Schließen Sie Ihre Augen und achten Sie auf eine tiefe, gleichmäßige Atmung.

Den ganzen Tag strengen Sie Ihre Augen enorm an. Ihr Blick ist konzentriert, um alles genau wahrzunehmen. Es ist an der Zeit, Ihren Augen eine Pause zu gönnen.

Legen Sie Ihre Hände wie eine Schale sanft über Ihre Augen, lassen Sie Ihre Nase frei, so dass Sie gut atmen können, Ihre Augen bleiben geschlossen.

Nun lassen Sie Ihre Augen einfach los, die Spannung aus ihnen raus, lassen Sie sie einfach mal sehen – ungerichtet in diese dunkle Weite hinein. Ganz entspannt, nicht angestrengt. Ihr Blick kann sich ausruhen. Verweilen Sie drei bis fünf Minuten.

Wie wohltuend, einfach mal nichts zu sehen und diese Weite um sich zu haben. Es gibt nichts, was Ihre Aufmerksamkeit auf sich ziehen will. Sie können einfach mal schauen.

Stellen Sie sich vor, diese Weite, in die Sie schauen, ginge über Ihre Hände hinaus, über allen Alltag hinweg. Sie haben Weite und Freiheit um sich.

Verweilen Sie noch ein bisschen in diesem Blick.

Und spüren Sie genau nach, wie sich Ihre Augen anfühlen, wenn Sie sie jetzt wieder öffnen und Ihre Hände sinken lassen. ■

Glück bedeutet Loslassen

Glück lässt sich nur im Hier und Jetzt erleben. Jetzt erlebe ich ein schönes Ereignis, jetzt treffe ich mich mit Freunden, jetzt esse ich etwas Gutes, jetzt höre ich schöne Musik. Auch Erinnerungen können uns glücklich machen, Fotos vom letzten Urlaub, Fotos aus unserer Kindheit. Aber diese Erinnerungen machen uns jetzt glücklich. Und nur dann sind sie für unser Glück wert- und sinnvoll. Entscheidend ist, dass wir uns oft mit Dingen unserer Vergangenheit umgeben, die uns nicht glücklich machen. Wir bewahren sie dennoch auf, obwohl wir sie meist nicht mehr brauchen und sie sogar negative Emotionen und Gedanken in uns auslösen. Wir halten an diesen Dingen fest, obwohl sie wie eine Glücksbremse wirken. Schon lange trauen wir uns an eine Schublade in unserer Wohnung gar nicht mehr ran, weil dort ein alter Brief

aufbewahrt wird, der uns noch heute wütend oder traurig macht; Ecken in unserer Wohnung sind überlagert mit Dingen, die wir nicht brauchen, die uns nervös und unglücklich machen. Sie können dies auf ganze Räume von Wohnungen ausweiten – nehmen Sie den Keller oder den Dachboden, auch Garagen sind für derlei Ansammlungen sehr beliebt. Wir stopfen unsere Wohnung mit Dingen voll, die uns traurig, wehmütig, ängstlich und ärgerlich machen, kurz: die unser Glück verhindern. Bewahren Sie nur die Dinge in Ihrer Wohnung auf, die Sie entweder brauchen – wie den Wasserkocher oder Toaster – oder die Sie lieben und die Ihnen gut tun sowie positive Gefühle und Gedanken bei Ihnen auslösen. Bewahren Sie die Dinge auf, die für einen wichtigen Entwicklungsschritt und einen schönen Moment in Ihrem Leben stehen, die Sie wirklich geprägt haben und die für Sie noch heute von Bedeutung sind. Dinge, die mit Ihrem heutigen Leben nichts mehr zu tun haben, weder emotional noch praktisch, sollten Sie entsorgen. Eine Schublade, von der wir gar nicht mehr wissen, was sie enthält, wird nichts Sinnvolles enthalten, nichts, was wir aktuell brauchen oder was aktuell eine Be-

deutung für uns hat. Haben Sie keine Angst davor, falsche Entscheidungen zu treffen und später zu bereuen, dass Sie die seit Jahren nicht getragene Kleidung, die seit Jahren nicht gehörte CD oder die seit Jahren nicht genutzte Friteuse ausgemistet haben. Wahrscheinlich wussten Sie schon lange nicht einmal mehr von deren Existenz in Ihrer Wohnung! Auch Kleinkram, wie aufgehobenes und bereits genutztes Geschenkpapier, nicht mehr schreibfähige Stifte, Hobbyutensilien, denen man sich irgendwann einmal widmen wollte, gehören zu den Dingen, die Sie hindern, im Hier und Jetzt glücklich zu werden. Und Sie haben nur das Hier und Jetzt, um glücklich zu sein.

Ähnlich wie die Orientierung an der Vergangenheit hindern uns auch unrealistische oder unpassende Zukunftsplanungen am Glücklichsein. Wir verlieren uns in diversen Planungen, rennen Wünschen hinterher oder vor Befürchtungen und Ängsten weg, die sich längst überholt haben und deren Eintreten wir niemals garantieren könnten. Die Realität weist uns eine andere Richtung und auf neue Dinge hin. Wir stecken Energie in Handlungen, die zu nichts führen, basteln an einer Zukunft, die es nie für uns geben wird. Zum Beispiel rennen wir angehimmelten Personen hinterher, die sich längst gegen uns entschieden haben und verpassen dabei die Wirklichkeit. Oder wir investieren viel Geld in berufliche Weiterbildungen, ohne das daraus jemals ein Standbein in der Arbeitswelt werden kann. Anders ist das natürlich mit Träumen für die Zukunft, die uns glücklich machen und aus denen wir Energie und Motivation schöpfen. Oft sind es schwärmerische Träume, die gar nicht wahr werden sollen, da die Wirklichkeit eh unseren Träumen hinterherhinken würde. Wir träumen ganze Versionen unseres Lebens und erfreuen uns daran oder schöpfen Mut und Hoffnung daraus. Wir halten uns an Ideen über uns und unser Leben fest und nehmen nicht zur Kenntnis, dass sich das Leben um uns herum anders entwickelt hat, uns andere Dinge zeigt und daher anderes von uns verlangt.

Auch die Gegenwart ist verklebt mit Ballast und vollgestopft mit Gewohnheiten, Ritualen sowie Traditionen, die dem Festhalten an Vertrautem dienen und Sicherheit suggerieren. Wenn Sie sich aber dennoch unglücklich fühlen, sollten Sie sie kritisch hinterfragen. Viele davon befriedigen längst nicht mehr Ihre aktuellen Bedürfnisse. Wem es an Glück und Zufriedenheit mangelt, der muss schauen, was er ändern kann. Sonst bleibt sein Glück blockiert. Wenn Sie sich schon bei dem Gedanken an das wöchentliche Telefonat mit Ihrer Verwandtschaft genervt und aggressiv oder betrübt fühlen – warum tun Sie es dann? Wenn Sie allmorgendlich nicht aus dem Bett kommen und sich schon unzählige Male vorgenommen haben, abends früher schlafen zu gehen – was hindert Sie daran? Stellen Sie das Glück der anderen nicht über Ihr eigenes und überlegen Sie sich, was Ihnen Ihr Glück wert ist. Gewohnheiten sind wie eine kuschelige Winterjacke: sie halten warm, jedoch veraltet sind sie eng und muffelig und nehmen uns die Luft zum Atmen.

Wir sortieren Dinge nicht aus, aus Angst, sie zu verlieren oder uns falsch zu entscheiden: Erinnerungsstücke der Vergangenheit, Gewohnheiten der Gegenwart und Ideen und Vorstellungen für die Zukunft. Sie sind uns vertraut und Routi-

ne macht uns sicher, aber sie lähmt und hält Sie fest. Wenn Sie in der Gegenwart unglücklich sind, haben Sie Mut zur Veränderung! Wagen Sie den Sprung – und Sie werden ganz sicher eine Möglichkeit zur Landung finden! Seien Sie bereit, Risiken einzugehen und Ihr Glück herauszufordern – und es lässt sich herausfordern. Greifen Sie mit Bedenken und Befürchtungen, was alles passieren kann und Ängsten, dass Sie Altes vermissen werden, nicht der Zukunft vorweg. Vom heutigen Zeitpunkt aus können Sie all das gar nicht wissen. Schaffen Sie Platz für Ihr Glück und befreien Sie sich von Ballast und Blockaden. Alle diese Dinge, ob äußerlicher oder innerer Ballast, lähmen uns und führen zu Stagnation. Stagnation führt niemals zu Glück. Frei zum Fliegen ist nur der, der sich von Gewichten befreit. Dann können Sie wirklich im Hier und Jetzt glücklich sein.

Einfachheit macht glücklich, weniger ist tatsächlich mehr. Wenn Altes, Vertrautes sowie Gewohnheiten nicht glücklich machen, muss Neues, müssen Veränderungen her. Für die brauchen wir Platz. Das größte Glück ist demnach nicht ein „Immer-mehr", sondern ein „Weglassen". Die nächste Übung soll Sie genau dabei unterstützen – loslassen, befreien, leicht werden.

Es handelt sich um eine Fantasiereise. Bilder erreichen nachhaltiger unsere Seele als Worte oder Gedanken dies könnten. Sie prägen unsere Empfindungen und unsere Stimmungen. Bilder in uns sind wie eine Fotosammlung, die wir mit uns tragen und die ihre eigene Wirkung entfaltet. Daher ist es wichtig, sich vor negativen, erschreckenden oder beängstigenden Bildern zu schützen. Und genauso wichtig, sich mit anregenden, beruhigenden oder glücklichen Bildern zu füllen. Sorgen Sie für ein Repertoire von schönen Bildern in Ihrer Seele!

Bilder sprechen durch Symbole: Eine rote Rose, ein vierblättriges Kleeblatt, aber auch komplexe Bilder, wie sie uns zum Beispiel in der Werbung gezeigt werden – lachende junge Menschen, die ein bestimmtes Produkt nutzen – vermitteln eine Botschaft. Die Vorstellung, dass wir in eine gelbe Zitrone beißen, löst direkt was in uns aus. Wahrscheinlich können wir den bitteren Geschmack auf der Zunge geradezu spüren. Bilder wirken. Dies können wir uns mit Hilfe sogenannter Fantasiereisen zunutze machen. Fantasiereisen erzählen kurze Geschichten, die wir mit geschlossenen Augen wahrnehmen und die in uns Bilder hervorrufen. Wir malen uns die Geschichte mit Bildern aus, sie wird lebendig. Die Bilder der Geschichte stehen für etwas, das wir lernen oder erreichen wollen. Diese nächste Übung steht für das Loslassen von Dingen, die uns beschweren, uns einengen und belasten, Dinge, die wir getrost loslassen können, so dass sie unserem Glück nicht mehr im Wege stehen.

Bevor Sie diese Übung machen, durchlüften Sie Ihr Zimmer gut. Öffnen Sie zehn Minuten das Fenster und lassen Sie frische Luft herein. In dieser Zeit lesen Sie sich ruhig und langsam den Text der Übung durch, so dass Sie ihn später in Bildern vor dem „inneren Auge" vorstellen können. Sorgen Sie dafür, dass Sie die nächsten zwanzig Minuten ungestört sind. Stellen Sie Telefon und Klingel aus oder bitten Sie jemand anderen, dranzugehen – Sie sind jetzt

wichtig! Es gibt kein Telefonat und keinen Besuch, der jetzt wichtiger ist. Dunkeln Sie Ihr Zimmer ab, vielleicht möchten Sie eine Kerze anmachen. Nehmen Sie in Ihrem Lieblingssessel Platz, Ihr Rücken sollte dabei aufrecht sein und Ihre Füße gut den Boden erreichen. Zur Not legen Sie ein Kissen oder eine Fußbank unter die Füße. Sortieren Sie sich so, dass Sie gut sitzen können und nichts mehr zwickt oder drückt. Sobald Sie eine für sich gute Sitzposition gefunden haben, schließen Sie Ihre Augen.

Stellen Sie sich vor, Sie gehen über einen Jahrmarkt. Dort kaufen Sie dem Ballonverkäufer alle Ballons ab, die er angebunden an langen Schnüren in der Hand hält. Schon von Weitem waren sie Ihnen aufgefallen in ihrer Farbenpracht und Vielfältigkeit. Nun halten Sie sie in Ihren Händen – lange Schnüre, an denen viele Ballons hängen, blaue, rote, grüne, gelbe, sämtliche Farben und Formen, die Sie sich wünschen und vorstellen können, sind dabei. Und jeder dieser Ballons steht für etwas in Ihrem Leben. Für etwas, dass Sie beschwert und dass Sie gerne loslassen wollen. Sie können für das Gerümpel in Ihrem Keller stehen, für die Gewohnheit, die Sie ablegen wollen, für die Sorgen, die Sie sich über Ihre Zukunft machen, für Ihre Ängste usw. Suchen Sie sich einen in Ihrem inneren Kino aus. Malen Sie ihn sich genau aus: Welche Farbe hat er? Welche Form? Und für was steht dieser Ballon? Wenn Sie sich den Ballon genauer ansehen, entdecken Sie vielleicht das Stichwort, für das er steht, aufgedruckt auf dem Ballon. Sie nehmen diesen Ballon an seiner Schnur. Machen Sie sich klar, wofür er in Ihrem Leben steht. Und wenn Sie sich bereit fühlen, lassen Sie ihn los. Schauen Sie ihm zu, wie er immer höher und höher steigt, wie Windböen ihn erfassen, wie er tanzt und hüpft.

Auf diese Weise können Sie sich Ballon für Ballon nehmen. Malen Sie sich jeden einzelnen Ballon genau aus, beschriften Sie ihn mit dem, wofür er steht und wenn Sie bereit sind, lassen Sie ihn los und schauen Sie ihm nach. Lassen Sie sich Zeit und führen Sie diese Übung langsam aus. Jeder Ballon ist es wert, dass Sie sich ihm widmen, denn er hatte lange Zeit eine wichtige Bedeutung in Ihrem Leben. Es sind wunderschöne Ballons, und vielleicht tut es ein wenig weh, ihnen nachzuschauen, wie sie in den Himmel steigen und wie bunte Punkte den Horizont schmücken. Sehen Sie Ihnen nach. Und erst wenn Sie sie am Horizont nicht mehr ausmachen können, spüren Sie in sich nach, wie sich es anfühlt, frei und ohne Ballast dazustehen.

Nun achten Sie wieder auf Ihren Atem. Atmen Sie bewusst dreimal tief ein und aus, strecken und recken Sie sich, öffnen Sie langsam wieder Ihre Augen und kommen Sie in Ihrem Tempo wieder in Ihrem Zimmer an. Schreiben Sie auf, wofür Ihre Ballons standen, und wie es sich angefühlt hat, sie loszulassen.

Glücksvitamine – Essen Sie sich glücklich

5

So macht Essen glücklich

Positiv oder negativ, belebend oder belastend, antriebslos oder kreativ, sauer und verärgert oder entspannt und glücklich, Frühjahrsmüdigkeit oder Frühlingsgefühle – unsere Ernährung wirkt. Nichts kann unseren Zell- und Hormonstoffwechsel so rasch und direkt beeinflussen wie unsere Ernährung. Jeder Bissen liefert eine Vielzahl an Informationen an unseren Körper. Glücksempfinden und Wohlbefinden stehen oftmals in engem Zusammenhang zur Ernährungsweise. Es ist möglich, sich glücklicher zu essen und zu trinken.

Unter dem Begriff Glücksvitamine sind aus ernährungsphysiologischer Sicht Nahrungsinhaltstoffe zu verstehen, die Glücksimpulse setzen oder die bei deren Übertragung beteiligt sind. Sie ermöglichen die Wahrnehmung des Glücksempfindens.

Glück ist ein Gefühl, das durch verschiedene Einflüsse entsteht. Es lässt sich physiologisch regulieren, aber auch hormonell. Und ohne die Grundbausteine zur Steuerung unseres Körpers lässt sich kein Glück empfinden. An erster Stelle muss der Bedarf an lebenswichtigen Nahrungsinhaltsstoffen sowie Wasser gedeckt sein. Essen und Trinken sind Grundbedürfnisse, ohne die Glück nicht stattfinden kann. Dabei geht es nicht nur um die Inhaltsstoffe unserer Nahrung – mit größtem Hunger lässt sich Glück schwierig empfinden. Und bei Menschen, die unter Wassermangel leiden, geht es nicht um Glück oder Unglück, sondern ums nackte Überleben. Eine Reduktionsdiät geht selten mit ausgeprägten Glücksgefühlen einher. Das ist auf den Kalorienmangel, die Nichtbefriedigung von Bedürfnissen sowie den Mangel an Glücksvitaminen zurückzuführen.

Zu den Glücksvitaminen gehören:

Vitamine

Folsäure

Vitamin B2

Vitamin B6

Vitamin B12

Nährstoffe

Kohlenhydrate

Proteine

Aminosäure Tryptophan

Fette, insbes. Omega-3-Fettsäuren

Sonstige Nahrungsinhaltsstoffe

Serotonin

Theobromin

Koffein

Anadamid

Phenylethylamin

Geschmack und Konsistenz

Natürlich ist die Geschmackswahrnehmung selbst von Bedeutung. Dabei ist die Geschmacksrichtung süß besonders wichtig. Das ist der Geschmack, den der Mensch als erstes nach der Geburt wahrnimmt und als gut findet. Dieser Geschmacksreiz bleibt bis ins hohe Alter erhalten. Süß ist ein Reiz, der von vielen Menschen als glücklich machend wahrgenommen wird. Auch scharf löst Nervenreize aus, die angenehm sind. Bitter hingegen ist unangenehm. Und salzig

löst auch kein Glück aus. Sauer hingegen hat in Kombination mit anderen Geschmacksrichtungen besondere Effekte.

Auf unsere Stimmung wirkt sich positiv aus, wenn in Lebensmitteln verschiedene Glücksgeschmacksrichtungen vorkommen, also Schokolade mit Chili (süß und scharf), eine grüne Grütze mit Vanillesauce (säuerlich und süß) oder ein Schokoladenpudding mit Limettensauce (süß und sauer). Auch pikant gut gewürzte Speisen können glücklich machen.

„Eindimensionale" Speisen fördern nämlich Appetit, Hunger, Übergewicht und Missempfinden. Eine glücklich machende Mahlzeit enthält süß und deftig. Dieses Verlangen ist evolutionär leicht zu erklären. Der Mensch ist auf Kohlenhydrate und Proteine angewiesen. Und grundsätzlich schmecken kohlenhydratreiche Lebensmittel eher süßlich und proteinreiche eher deftig. Der Körper verlangt daher nach beiden Geschmackskomponenten. Es ist dabei schon ausreichend, süßes Obst oder einen deftigen Tomaten-Kefir-Drink in die Mahlzeit einzubauen. Oder einen Kräuterquark oder eine süße Quarkspeise. Ein ideales Frühstück enthält sowohl ein Hühnerei als auch ein Marmeladenbrötchen. Ein optimales Mittagessen Fisch, Geflügel oder Fleisch sowie einen Schokoladenpudding. Und ein Abendessen ein deftiges Vollkornbrot mit Harzer Käse und ein Glas Erdbeerbuttermilch.

Die Wahrnehmung des Schmelzens von Eis löst bei vielen Menschen positive Gefühle aus. Insbesondere dann, wenn das schmelzende Eis cremig ist. Kühlende Lebensmittel, wie pfefferminzgefüllte Schokolade, sind auch angenehm. Das Mundgefühl cremiger Speisen wird von den meisten Menschen als sehr positiv empfunden. Daher werden fettig-cremige Lebensmittel und Speisen ja auch von vielen Menschen bevorzugt. Schokolade schmeckt süß und hat ein gutes Mundgefühl. Dass sie außerdem sogenannte Glücksvitamine enthält, die Glückshormone pushen, macht Schokolade besonders verführerisch.

Grundlage des menschlichen Lebens – und natürlich auch für Wohlbefinden und Glück – ist die Energiebedarfsdeckung. Damit man sich gut fühlt, müssen ausreichend Kalorien aufgenommen werden. Das ist angesichts der bei uns vorherrschenden Überernährung wohl kein Problem. Der Energieüberschuss sorgt dafür, dass inzwischen 75 Prozent der Männer und 59 Prozent der Frauen in Deutschland übergewichtig sind. Am Energiemangel liegt es bei den meisten Menschen also nicht, wenn sie unglücklich sind. Im Gegenteil: Übergewicht und Überernährung machen unglücklich und die dadurch entstehenden Fettansammlungen tragen auch nicht gerade zum körperlichen und psychischen Wohlbefinden bei. Übergewicht ist ein echtes Antiglücksvitamin. Übergewicht führt im Körper zu entzündlichen Reaktionen, was wiederum die Ausschüttung von Stresshormonen und Cortison fördert – und das macht nicht glücklich!

Aber es ist auch wichtig, regelmäßig zu essen. Andernfalls kommt es zu einer Insulinresistenz, wie aktuelle Studien zeigen. Und ein erhöhter Insulinspiegel senkt nicht nur den Blutzucker, sondern macht auch hungrig und dick. Zuviel Insulin im Blut fördert hormonelle Reaktionen, die wenig glücksförderlich sind. Essen Sie also täglich möglichst regelmäßig sättigende Mahlzeiten. Das ist wichtig, um die Grundlagen für Glück zu schaffen. Wer regelmäßig isst, hat die Chance, glücklich zu werden, vorausgesetzt, dass auch die anderen Notwendigkeiten für dieses angenehme Gefühl gegeben sind.

Wichtig ist es, dem Organismus regelmäßig alle vier bis fünf Stunden Nahrung anzubieten. Der Körper benötigt einige Zeit, diese zu verwerten. Zwischenmahlzeiten und unregelmäßiges Essen bringen Ihren Hormonhaushalt durcheinander und verhindern eine optimale Versorgung aller Zellen mit Glücksvitaminen. Natürlich dürfen Sie zwischendurch soviel Wasser und Gemüse in roher und gekochter Form verzehren, wie Sie möchten. Aber möglichst keine Lebensmittel, die reich an blutzuckerwirksamen Kohlenhydraten sind. Das sind Lebensmittel mit einem niedrigen glykämischen Index, der umgangssprachlich oft als GLYX bezeichnet wird. Ein ständiges Auf und Ab des Blutzuckerspiegels, das Stress für den Organismus darstellt, sollte vermieden werden. Lebensmittel mit einem niedrigen glykämischen Index sind:

Lebensmittel mit niedrigem glykämischen Index (< 50)	
Kiwi	44
Banane	42
Vollkornbrot (grob)	42
Weizenvollkornbrot (grob)	40
Spaghetti (Hartweizengrieß)	40
Vollkornbrot (mit ganzen Körnern)	38
Zartbitterschokolade	36
Buttermilch	35
Apfel	35
Birne	34
Karotten	32
Müsli	30
Milchzucker	30
Apfelsaft	30
Linsen	29
Milch	29
Ananas	29
Pfirsich	29
Vollmilchjoghurt	27
Vollmilch	26
Erdbeeren	26
Grapefruit	26
Pflaumen	25
Getrocknete Bohnen und Erbsen	23
Erbsen (frisch)	23
Kirschen	23
Vollmilchschokolade	22
Fruchtzucker (Fruktose)	21
Frisches Gemüse (z. B. Tomaten)	<15
Erdnüsse	12

Ein konstanter Blutzuckerspiegel ist wichtig für Wohlbefinden und Gesundheit. Der lässt sich durch eine Kost mit einem normalen glykämischen Index oder einer relativ niedrigen glykämischen Last einfach erreichen. Essen Sie also bevorzugt Gemüse, Frischobst, Vollkornprodukte, Pellkartoffeln und Hülsenfrüchte. Bei den kohlenhydratarmen Lebensmitteln sind Seefisch, Geflügelfleisch ohne Haut sowie magere Milch und Milchprodukte, Wurst, mageres Fleisch, magerer Käse sowie Hühnereier besonders wertvoll.

Setzen Sie nicht in erster Linie Fertigprodukte, Fastfood, Süßigkeiten und alkoholische Getränke auf Ihren Speiseplan. Fertigprodukte sind oftmals reich an Zusatzstoffen, die nicht immer eine positive Wirkung auf die Gesundheit ausüben. In jedem Falle sollten Sie Produkte meiden, die Geschmacksverstärker wie Glutamat enthalten. Diese Substanz führt zur Insulinresistenz.

Wichtig sind Folsäure und Vitamin B1

Ein Glücksvitamin, das essbar ist, ist das lebenswichtige B-Vitamin Folsäure. Praktisch alle Menschen in Deutschland nehmen nach Untersuchungen der Deutschen Gesellschaft für Ernährung (DGE) zu wenig Folsäure auf. Das Vitamin ist wichtig für die Bildung von Blut-, Zell- und Erbsubstanz. Aber erst durch das Zusammenwirken mit den Glücksvitaminen B2, B6 und B12 kann die Folsäure die schädliche Substanz Homocystein in den Gute-Laune-Stoff Methionin umwandeln. Das macht glücklich und schützt das Herz.

Reich an Folsäure sind insbesondere grünblättrige Gemüsesorten wie Spinat, Mangold und Blattsalate wie Endivie oder Rauke (Rukola). Aber auch Erdbeeren, Tomaten, Sojasprossen, Bierhefe und Vollkornprodukte sind folsäurereich.

Ein echtes Glücks-Lebensmittel ist die Bierhefe! Sie ist nicht nur reich an Folsäure. Sie enthält auch die glücksförderlichen Vitamine B2, B6 und B12. Da Folsäure reich an wichtigen Mengen- und Spurenelementen ist, ist sie wichtig für schöne Haare, Haut und Fingernägel. Es ist also nicht übertrieben, wenn Ernährungswissenschaftler feststellen, dass Bierhefe schön und glücklich macht.

Vitamin B1, das reichlich in Bierhefe vorkommt, wird wissenschaftlich auch als Thiamin bezeichnet. Dieses wasserlösliche Vitamin ist in der Lage, den Süßhunger zu stoppen. Thiamin ist auch sonst ein echter „Gute-Laune-Stoff". Studien zeigen, dass ein Vitamin-B1-Mangel zu Heißhunger führt. Das wässerlösliche Vitamin ist besonders empfindlich gegen Hitze und auch Sauerstoff. Auch Wassereinwirkung hält es nicht lange Stand. Dabei ist das Vitamin wichtig für einen guten Nervenstoffwechsel. Besonders reichlich kommt Thiamin in Bierhefe, Schweinefleisch und Weizenkeimen vor. Studien zeigen, dass ein Mangel daran Heißhunger – insbesondere auf Süßes – hervorruft. Süßhunger ist für viele Menschen quälend. Manche behaupten sogar, süchtig nach Schokolade und Co. zu sein. Das ist zwar ausgeschlossen, aber allein der Appetit auf diese Fettbombe ist schon quälend. Oft ist dieser auf Vitaminmangel zurückzuführen. Wissenschaftliche Untersuchungen konnten zeigen, dass Vanillegeruch und -geschmack das Verlangen nach Schokolade vermindern kann. Schokoholics sollten also regelmäßig mit echter Vanille zubereitete Speisen und Getränke verzehren und trinken.

Sinnvoll ist auch, Vanille-Parfumöl zu verwenden, um dem Appetit auf Schokolade vorzubeugen. Und wenn der Appetit selbst damit nicht mehr zu beherrschen ist, sollte möglichst eine bittere Schokolade mit hohem Kakaogehalt gegessen werden.

Serotonin hebt die Stimmung

Ein wichtiger Botenstoff im Gehirn ist das Serotonin. Es ist mitverantwortlich dafür, dass wir uns himmelhochjauchzend oder zu Tode betrübt fühlen. Einfach formuliert: Je mehr Serotonin vorhanden ist, umso besser ist unsere Stimmung. Da es in zahlreichen Lebensmitteln, wie beispielsweise Bananen enthalten ist, hat unsere Ernährung viel mit diesem Botenstoff zu tun.

Serotonin wird hauptsächlich im Gehirn aus der Aminosäure Tryptophan gebildet, welche wiederum ein Bestandteil von Eiweißstoffen ist. Der Körper kann Tryptophan nicht selbst bilden, sondern muss es mit der Nahrung aufnehmen. Das heißt, je mehr wir mit Tryptophan versorgt sind, umso besser können wir auch Serotonin herstellen. Um eine Aufnahme der Aminosäure in das Gehirn zu ermöglichen, sind allerdings auch Kohlenhydrate notwendig. Viele Menschen mit depressiven Verstimmungen betreiben so mit ihren Heißhungerattacken auf Kohlenhydrate eine Art Selbstbehandlung. Mehrere kleine, kohlenhydratreiche Portionen über den Tag verteilt helfen dabei besonders, die gute Stimmung über den ganzen Tag zu retten. Wobei sich die so genannten komplexen Kohlenhydrate, wie zum Beispiel Vollkorngetreide anbieten, da sie noch über eine Reihe weiterer wertvoller Inhaltsstoffe verfügen.

Am besten ist es natürlich, wenn die Aminosäure Tryptophan direkt mit den Lebensmitteln aufgenommen wird. Die Ernährung mit ausreichend viel Fisch und Geflügel (mindestens zweimal pro Woche) hat gleich zwei Vorteile. Denn zusätzlich sind darin die Aminosäuren Phenylalanin, Tyrosin und Methionin enthalten, die ebenfalls eine positive Wirkung auf die Stimmung ausüben. Doch es wird nicht nur Serotonin aus der Aminosäure Tryptophan gebildet, sondern auch andere lebenswichtige Stoffe, wie zum Beispiel Vitamin B3 (Niacin). Bei einer ungenügenden Versorgung mit Vitamin-B3-reicher Nahrung produziert der Körper das Vitamin aus Tryptophan selbst. Niacin ist für den Energiestoffwechsel der Körperzellen unerlässlich. Bei einem Mangel an Niacin bleibt auch weniger Tryptophan für die Bildung des „Glücklichmachers" Serotonin übrig. Mit einer gesunden Ernährung, die genügend Fisch, Geflügel und Eier enthält, kann vorgesorgt werden.

Serotoninhaltige Lebensmittel

Obst: Ananas, Avocado, Banane, Dattel, Feige und Papaya (im frischen Zustand)
Getreide: Roggen, Weizen, Haferflocken, Naturreis
Gemüse: Feldsalat, Kopfsalat, Porree, Petersilie, Rote Beete, Spinat, Tomate, Zwiebel
Fisch und Meeresfrüchte: Goldbarsch, Bachforelle, Garnelen, Hering, Kabeljau (Dorsch), Karpfen, Wildlachs, Languste, Makrele, Miesmuscheln, Sardine, Schellfisch, Scholle, Seelachs, Seezunge, Thunfisch
Fleisch: Hühnerfleisch, Rind, Schwein

Milchprodukte und Eier: Hühnereier, Buttermilch, Harzer Käse, Frischkäse, Magerquark, Kochkäse, Milch und Joghurt

Nüsse, Hülsenfrüchte und Kerne: Cashewkerne, Erdnüsse, Haselnüsse, Mandeln, Paranüsse, Walnüsse

Bestimmte Obstsorten wie Bananen, andere exotische Früchte wie Ananas, frische Feigen, Papaya und auch Avocados liefern neben wertvollen bioaktiven Substanzen (sekundäre Pflanzenstoffe), Vitaminen und Mineralstoffen gleich gute Laune mit, denn sie enthalten den Gute-Laune-Botenstoff Serotonin.

Stimmungsstimulans Schokolade

Für die Produktion der psychoaktiven Eiweißstoffe sind außerdem die Mineralstoffe Magnesium, das Spurenelement Mangan und vor allem Vitamin C nötig. Aus diesem Grund sollte der Speiseplan auch regelmäßig Nüsse, grünes Gemüse und frisches Obst beinhalten, damit die Produktion der Glücklichmacher einwandfrei läuft.

Auch Schokolade hebt die Stimmung. Wie moderne Forschungsergebnisse zeigen, hat die Nascherei durchaus positive Seiten. Im Gehirn wirken folgende Bestandteile der Schokolade: Theobromin und Koffein, Anadamid und Phenylethylamin.

Etwa ein bis zwei Prozent des Kakaos machen dabei Theobromin und Koffein aus. Beide Stoffe bewirken eine Stimulation des zentralen Nervensystems, fördern die geistige Leistungsfähigkeit und vermindern die Müdigkeit. Koffein kann in zu hohen Dosen zu nervösen Unruhezuständen und Schlafstörungen führen. Im Vergleich zu Kaffee und Tee ist Kakao aber eher harmlos. Eine Tasse enthält höchstens ein Viertel der Koffein- bzw. Theobrominmenge.

Die Stoffe Anadamid und Phenylethylamin befinden sich zum Beispiel auch in Haschisch und Morphium und steigern unser Glücks- und Lustempfinden. Die in Schokolade gefundenen Mengen sind allerdings so gering, dass keinerlei Suchtgefahr besteht. Die Schokoladenfette setzen im Gehirn Endorphine frei, die die Schmerzempfindung dämpfen und die Stimmung steigen lassen. Zucker wiederum erhöht die Tryptophankonzentration.

Aber auch bei Schokolade gilt: Die Dosis ist entscheidend. Eine Tafel Milch-

Dickmacher Schokolade

Sorte	Energie in kcal	Fett in Gramm
Bitterschokolade	394,6	18,5
Zartbitterschokolade	496,7	32,7
Vollmilch-Nuss Milchschokolade	521,7	32,4
Milchschokolade	536,6	31,5
Weiße Schokolade	542,1	30,1

schokolade schlägt mit 550 Kalorien zu Buche und ist also eine Kalorienbombe, die nicht auf einmal verzehrt werden sollte. Die positiven Effekte werden sonst durch das schlechte Gewissen oder die Gewichtszunahme schnell zunichte gemacht.

Warum die Menschen Fett lieben

Fettige Speisen machen uns glücklich. Hier geht es insbesondere um das sogenannte Mouthfeeling, also das Mundgefühl von fettreichen Lebensmitteln und Speisen. Fett schmilzt im Mund und schmeichelt der Zunge. Wohlbefinden stellt sich ein. Das Schmelzen gibt uns eine orale Befriedigung. Eigentlich sorgt Fett aber dafür, dass der typische Geschmack der Speisen nicht mehr richtig wahrgenommen werden kann, denn Fett ist kein wirklicher Geschmacksüberträger. Eine fettfreie Kost ist aus ernährungsphysiologischer Sicht dennoch nicht zu empfehlen. Aber denken Sie daran, dass ein gutes Mundgefühl sich auch durch cremige Speisen leicht erreichen lässt – die mit deutlich weniger Fett auskommen!

Harzer Käse ist Nervennahrung!

Harzer Käse ist einfach freundlich zur Figur und macht uns glücklich. Er ist die fettärmste Käsesorte überhaupt. Dieser Sauermilchkäse enthält gerade einmal 0,5 Prozent Fett. Das ist 60-mal weniger Fett als die meisten Schnittkäsesorten. Aber Harzer Käse ist nicht nur ein Kalorienkiller und idealer Begleiter jeder Diät, sondern er enthält auch hochwertiges Eiweiß und viele lebenswichtige Aminosäuren, die für die Bildung von Glückshormonen wichtig sind.

Lipamine stärken das Gehirn

Lipamine gehören zur Gruppe der Phospolipide. Deren bekanntester Vertreter ist das Lecithin. Lipamine werden insbesondere aus Sojabohnen gewonnen. In der modernen Wissenschaft kommt diesen Substanzen eine große Bedeutung zu, da sie die Gehirnfunktion verbessern, den Cholesterinspiegel senken und nachweislich gegen Entzündung wirken. Bisher ist Lecithin, und hier die Lipamine, insbesondere als Cholesterinsenker bekannt. Aber sie helfen auch, dass wir uns glücklich fühlen können, da sie die Versorgung und das Funktionieren des Gehirns verbessern. Sie fördern den gesunden Gehirnstoffwechsel und verknüpfen die Schaltzentralen der Zellen miteinander, sodass das Gehirn besser funktioniert. Außerdem fördern Lipamine die kognitive Leistungsfähigkeit des Gehirns und beugen Konzentrationsstörungen vor. Inzwischen werden sie in den USA oft bei Menschen, die unter Depressionen leiden, eingesetzt, da sie helfen, Glück wahrzunehmen und zu verarbeiten.

Proteine und Aminosäuren sind Schlüssel zum Glück

Die eigentlichen Glücksboten sind Aminosäuren. Proteine setzen sich aus Aminosäuren zusammen; sie sind die Bausteine der Proteine, die umgangssprachlich als Eiweiße bezeichnet werden. Damit ist nicht das Eiklar, sondern vielmehr der Nährstoff Eiweiß gemeint. Es gibt lebenswichtige und entbehrliche Eiweißbausteine. Die Aminosäuren sind wichtig, um Botenstoffe, die glücklich machen, aufbauen zu können. Das wichtigste Glücksvitamin ist die Aminosäure Tryptophan. Der renommierte Aminosäureforscher Professor Dr. Jürgen Spona aus Wien konnte in einer wissenschaftlichen Untersuchung am Menschen nachweisen, dass die Verabreichung von Aminosäuren die Befindlichkeit bei Depressiven verbessert. Sogar die Medikamentendosis konnte durch die Gabe von Aminosäuren verringert werden. Vor der Gabe von Aminosäuren empfiehlt Professor Spona die Bestimmung des Aminosäurestatus, um festzustellen, welche Aminosäure in welcher Menge zugeführt werden sollte. Die Aminosäure Phenylalanin produziert das Hormon Noradrenalin. Es macht glücklich und stimmt uns optimistisch. In weiteren Stoffwechselschritten entsteht das Kreativitätshormon ACTH – der Kopf wird wach.

Aminosäuren und ihre Wirkung

Aminosäure	Wirkung	Ausgangsstoff für
Arginin	Stimuliert Insulin und Wachstumshormon Senkt Cholesterin und Blutdruck Stimuliert Immunsystem Fördert Durchblutung der Muskulatur Fördert Sexualität Verleiht Kraft, Ausdauer und Jugend	Wachstumshormon Blutfarbstoff Kollagen Insulin
Histidin	Antiallergikum Entgiftung von Schwermetallen Fördert körperliche und geistige Fitness	Histamin
Isoleucin	Muskelkraft „Stressaminosäure"	Muskeleiweiß Wundheilung
Leucin	Fördert Knochenheilung Fördert Hautheilung Fördert Ausdauer Muskelaufbau „Stressaminosäure"	Muskeleiweiß
Methionin	Fettverbrennung Reduziert Blutcholesterin Antioxidant (Anti-Aging) Entgiftung (Histamin) Leberentgiftung Selenwirkung Fördert Schönheit von Haaren, Haut und Nägeln	Taurin Cystein Carnitin Cholin
Phenylalanin	Kreativität Positive Grundstimmung Motivation Anti-Depressiv Erhöht Konzentrationsfähigkeit und Gedächtnis „Stressaminosäure"	Hormone: Noradrenalin ACTH, Beta-Endorphin Schilddrüsenhormon

Aminosäure	Wirkung	Ausgangsstoff für
Tryptophan	„Stressaminosäure", steigert Stresstoleranz Anti-depressiv Verbessert Migräne Vermindert Angst	Serotonin Vitamin B3 Melatonin
Valin	„Stressaminosäure" Muskelaufbau Ausdauer	Muskeleiweiß Nerveneiweiß
Glycin	Vermindert die Sucht nach Zucker Inhibierender Neurotransmitter	Serin Glukagon Hämoglobin (Blutfarbstoff)
Tyrosin	Anti-Depressiv Starke Energiequelle Erhöht Konzentrationsfähigkeit Verbessert klares Denken Wachstumshormon	Botenstoffe im Gehirn: Dopamin, Adrenalin Schilddrüsenhormon (Thyroxin)
Asparagin/ Asparaginsäure	Entgiftung von Ammoniak Erhöht Ausdauer Verringert Müdigkeit	Immunglobuline, Antikörper
Glutaminsäure	Ammoniakentgiftung (Gehirn) Hilft bei Alkoholismus Hilft bei „Zuckersucht" Verbessert Gedächtnis- und Konzentrationsleistungen	Glutamin Synthese von DANN
Glutamin	Gykogene Aminosäure (hilft bei Blutzucker-Stabilisierung) Muskelstärke und Ausdauer	GABA (Botenstoff im Gehirn, bewirkt Heiterkeit und Ruhe) Glutaminsäure Synthese von DANN

Quelle: nach Prof. Dr. Jürgen Spona, www.vitalogic.at

Spona konnte nachweisen, dass neben Tryptophan auch andere Aminosäuren wichtig für das menschliche Befinden sind. Dazu gehören insbesondere die Eiweißbausteine Phenylalanin, Tyrsoin und Methionin. Viele Menschen in Deutschland leiden unter einer zu geringen Zufuhr an diesen wichtigen Aminosäuren und in vielen Fällen ist eine Nahrungsergänzung damit sinnvoll. Bei Menschen mit Missstimmungen in jedem Falle. Damit der Körper aus Trytophan Serotonin aufbauen kann, muss auch die Vitamin-B3-Versorgung optimal sein. Andernfalls zieht der Stoffwechsel zur Bildung dieses Vitamins Tryptophan heran, das dann nicht mehr für den Aufbau von Serotonin zur Verfügung steht. Für die Produktion der psychoaktiven Aminosäuren sind auch der Mineralstoff Magnesium, das Spurenelement Mangan und Vitamin C notwendig. Die Glücksvitamine Anadamid und Phenylethylamin befinden sich beispielsweise auch in Haschisch und Morphium und steigern unser Glücks- und Lustempfinden. Die in Schokolade gefundenen Mengen sind allerdings so gering, dass keinerlei Suchtgefahr besteht. Damit die Hormonbildung und die Übertragung von Reizen optimal funktionieren kann, sind viele weitere Substanzen notwendig. Dazu gehören die sogenannten Biokatalysatoren, die wichtige Stoffwechselreaktionen in Gang setzen. Zu den bedeutungsvollsten Biokatalysatoren gehört das lebenswichtige Spurenelement Zink. Viele Menschen in Deutschland leiden unter Zinkmangel. Das Spurenelement kommt reichlich in Austern, Meeresfrüchten, Innereien wie Leber und Rindfleisch vor. Menschen, die unter Stress leiden und die unglücklich sind, haben oft eine unzureichende Zinkversorgung. Zink ist maßgeblich am Aufbau von Eiweißstrukturen aus Aminosäuren beteiligt. Fehlernährung, Stress, übertriebener Sport, Fasten, die Einnahme von Medikamenten und regelmäßiger (auch geringer) Alkoholkonsum reduzieren den Zinkspiegel dramatisch. Es ist sinnvoll, täglich 15 bis 30 Milligramm Zinkhistidin oder Zinkoratat einzunehmen. Diese organischen Zinkverbindungen sind für den Menschen besonders wertvoll. Zink ist notwendig für den reibungslosen Ablauf des Funkverkehrs im Hirn.

In Meeresfischen ist vor allem die Omega-3-Fettsäure enthalten. Diese fördert bereits in der Muttermilch die Entwicklung des kindlichen Gehirns und steigert auch die Gehirnfunktion im hö-

heren Alter. Es hat eine ähnliche Wirkung wie Lipamine. Ideal ist die Kombination aus Lipaminen und Omega-3-Fettsäuren. Chronisch schlecht gelaunte Menschen haben beispielsweise meist einen zu niedrigen Magnesiumspiegel. Erschöpfte, müde und zu Unlust neigende Leute leiden häufig an Eisenmangel. Es ist unmöglich, aus dem Vollen zu schöpfen, wenn die Speicher an lebensnotwendigen Mikronährstoffen leer sind, wenn ein Defizit an Vitalstoffen (Vitaminen, Mineralstoffen und sekundären Pflanzenstoffen) oder ein zu niedriger Spiegel an Eiweißbausteinen (Aminosäuren) besteht. Besonders wichtig fürs Wohlbefinden ist auch Magnesium: Es hilft dem vegetativen Nervensystem und ist ein Schutzschild gegen Stress. Menschen, die unter Migräne leiden, profitieren von der hochdosierten Einnahme von Magnesium.

Fisch macht glücklich

Fisch enthält nicht nur die stimmungsfördernde Aminosäure Tryptophan, sondern auch reichlich herzgesunde Omega-3-Fettsäuren. Wer seinem Gemüt und seiner Gesundheit etwas Gutes tun möchte, sollte daher mindestens einmal pro Woche Fisch essen. Durch den lebensnotwendigen Eiweißbaustein Tryptophan, der unter anderem im Fischeiweiß vorhanden ist, wirkt sich Fisch positiv auf die Stimmung aus. Das menschliche Gehirn bildet aus Tryptophan das Gute-Laune-Hormon Serotonin. Bei gleichzeitigem Verzehr von kohlenhydrathaltigen Lebensmitteln, idealerweise Basmatireis oder Pellkartoffeln, die einen niedrigen GLYX aufweisen, nimmt das Gehirn das Tryptophan noch leichter

auf. Das liegt daran, dass die Bauchspeicheldrüse durch die erhöhte Menge an Kohlenhydraten vermehrt Insulin ausschüttet. Das Insulin wiederum sorgt dafür, dass das Tryptophan schneller zum Gehirn gelangt. Doch Fisch kann noch mehr als nur für gute Stimmung sorgen: Omega-3-Fettsäuren haben eine wichtige Funktion als Schutz vor Herz-Kreislauferkrankungen und bei der Entzündungshemmung. Omega-3-Fettsäuren senken das Risiko für einen Herzinfarkt und wirken Thrombosen entgegen, in dem sie eine Verklumpung der Blutplättchen verhindern. Weiterhin senken die Omega-3-Fettsäuren die Blutfettwerte und hohen Blutdruck. Besonders die fettreichen Seefische wie Makrele, Lachs oder Hering enthalten reichlich Omega-3-Fettsäuren. Ideal ist es, in der Woche zwei- bis dreimal eine Fischmahlzeit zu sich zu nehmen. Tiefkühl-Fisch ist eine gute Alternative zu frischen Produkten, besonders dann, wenn sich keine Möglichkeit bietet, an frischen Fisch zu kommen.

Würzen Sie sich froh!

Scharfe Gewürze sowie wohltuende Gerüche sind wichtig für unser Wohlbefinden. Verwenden Sie scharfe Gewürze wie Chili, Ingwer oder Tabasco und essen Sie regelmäßig Peperoni. Das bringt die Geschmacksnerven auf Touren und steigert entscheidend das Wohlbefinden. Muskat und Chili zum Beispiel wirken anregend. Chilischoten enthalten den Scharfmacher Capsaicin, der auf der Zunge brennt und dazu führt, dass im Gehirn das Glückshormon Endorphin ausgeschüttet wird.

Glücksrezepte

6

Gewürzkaffee

Zutaten
Kaffeepulver
1 Pr. Salz
1 Messerspitze Zimt
1 Messerspitze Kakao
1 Messerspitze Vanillemark

Zubereitung

Geben Sie auf das Kaffeepulver in der Filterkaffeemaschine eine Prise Salz sowie je eine Messerspitze Zimt, Kakao und Vanillemark. Schon während der Kaffee durchläuft, verbreitet sich in der Küche ein wohliger Geruch, der sehr angenehm ist. Das Salz sorgt für ein optimales Kaffeearoma, das durch den Kakao, den Zimt und die Vanilleschote noch angereichert und erweitert wird. Genießen Sie den Gewürz-Kaffee mit Milch und gegebenenfalls leckerem Zuckerrübensirup. Erleben Sie Glück beim genussvollen Trinken des Gewürzkaffees.

Paradies-Kefir-Shake mit Chili

Zutaten
100 g Tomaten aus der Dose
100 g Kefir
1 Pr. Zucker
1 Pr. Salz
bunter Pfeffer
½ Knoblauchzehe
Schnittlauchröllchen
etwas Chili

Zubereitung

Im Rührbecher die Tomaten aus der Dose, den Kefir sowie die Gewürze durchpassieren, bis sich eine homogene dicke Flüssigkeit bildet, diese mit wenig Mineralwasser vermischen, damit sie sich gut trinken lässt. Das Getränk kaltstellen und kurz vor dem Servieren mit etwas Chilipulver oder Tabasco aufpeppen. Die Tomate liefert reichlich Vitalstoffe und Kefir enthält reichlich hochwertige Aminosäuren. Den letzten Schub aber bringt das Capsaicin in Chili oder Tabasco. In Österreich nennt man Tomaten übrigens auch Paradeiser.

Erdbeersalat mit Pfeffer-Sahne

Zutaten
Erdbeeren
Schlagsahne
1 Pr. Zucker
1 Pr. Salz
bunter Pfeffer

Zubereitung

Die Sahne wie gewohnt mit einer Prise Zucker und einer Prise Salz steif schlagen und mit buntem Pfeffer aus der Mühle gut würzen und diesen sanft unterheben. Die Erdbeeren vierteln und mit der Pfeffersahne vermischen. Die Kombination aus der Säure der Erdbeeren und deren milder Süße gibt zusammen mit dem scharfen aromatischen Pfeffer und der schmelzenden Sahne ein ungewöhnliches atemberaubendes Geschmackserlebnis, das Körper und Sinne glücklich macht.

Schokoladenpudding mit Sauerkirschen

Zutaten

200 ml Milch
2 EL heißes Wasser
3 TL Speisestärke (Maisstärke)
1–2 TL stark entölten Kakao
Vanillemark
Zuckerrübensirup
100 g Sauerkirschen
½ Tasse Sauerkirschsaft
1 EL heißes Wasser
1 TL Speisestärke
1 TL Schokoladenraspeln
1 Pr. Zimt
Zuckerrübensirup
1 TL Limettensaft

Zubereitung

Die Milch zum Kochen bringen. Die Stärke mit etwas warmem Wasser und dem Kakao anrühren und in die kochende Milch geben, kurz durchwallen lassen und mit Zuckerrübensirup süßen und dem ausgekratzten Vanillemark „parfümieren". Sofort kalt stellen und mit wenig Kakao bestäuben. Die Sauerkirschen im Sauerkirschsaft dünsten, die Speisestärke in warmen Wasser anrühren und in die kochenden Sauerkirschen geben, kurz aufwallen lassen und mit Limettensaft und den anderen Zutaten abschmecken, die Schokoraspeln drüberstreuen. Auf die Sauerkirschspeise den Schokoladenpudding geben und heiß oder kalt genießen. Der Kakao ist ein wahrer Segen an Glückshormonen. Die Säure der Kirschen und die Süße des gleichzeitig herben Puddings machen einfach froh. Das wird durch die cremige Konsistenz noch unterstützt.

Pikanter Brotaufstrich

Zutaten

50 g Harzer Käse
1 TL (Feigen-)Senf
¼ Zwiebel
1 TL Rapsöl
1–2 Pr. Zucker
1 Pr. Salz
wenig bunter Pfeffer
1 EL gehackte frische Kräuter
1 kleine Gewürzgurke
1 Spritzer Limettensaft
1 EL Frischkäse

Zubereitung

Den Harzer Käse, die Zwiebel und die Gewürzgurke fein würfeln, abschmecken und mit dem Frischkäse zu einer Paste vermischen. Senf, Rapsöl, Zucker, Salz und bunten Pfeffer vermischen und zusammen mit dem Harzer Käse pürieren. Am Schluss mit Limettensaft abschmecken und kaltstellen.

Der Harzer Käse enthält reichlich glücklich machendes Tryptophan. Der Senf ist süß und gleichzeitig scharf. Dieser Aufstrich spricht alle Sinne an, ist gesund und sogar relativ kalorienarm. Die Paste reicht für 2 Scheiben Brot.

Rukola-Trauben-Nuss-Salat mit Limetten-Rosinen-Dressing

Zutaten

100 g Rukola
50 g Trauben
2 Walnusskerne
1 TL Walnussöl
Zuckerrübensirup
2 TL Limettensaft
2 EL Wasser
2 EL Rosinen
1 Pr. Salz
weißer Pfeffer
½ Zwiebel
½ Knoblauchzehe
1 Scheibe rohen Schinken

Zubereitung

Die Rosinen über Nacht einweichen und abtropfen. Den Rukola waschen und gründlich trocken tupfen. In einer Pfanne das Öl erhitzen und die fein gewürfelten Zwiebeln, die Rosinen und die Knoblauchwürfelchen dazugeben, glasig dünsten, die Walnusskerne hacken und dazugeben, mit Limettensaft ablöschen und würzen. Das noch warme Dressing über die Mischung aus Rukola und halbierte Trauben geben und kurz ziehen lassen. Vor dem Servieren mit Schinkenstreifen garnieren. Die Kombination aus warmem Dressing und kaltem Salat ist eine Herausforderung für den Mundraum. Hier entfalten sich die leicht bitteren Komponenten mit der milden Süße der Trauben und Rosinen sowie der milden Säure des Limettensaftes. Der Schinken bringt eine salzige Note, der das geschmackliche Erlebnis abrundet.

Grapefruit-Bananen-Himbeer-Salat mit Hüttenkäse-Topping

Zutaten

½ Grapefruit
½ Banane
50 g Himbeeren
1 Pr. Zimt
1 TL Limettensaft
1 TL Zucker
75 g Hüttenkäse
1 TL Limettensaft
Zuckerrübensirup
1 Messerspitze Vanillemark

Zubereitung

Das Obst in mundgerechte Stücke teilen und mit Zimt und Limettensaft parfümieren, mit Zucker süßen. Den Hüttenkäse mit Limettensaft, Sirup und Vanillemark abschmecken und über das Obst geben. Das Obst enthält reichlich vitalisierende Mikronährstoffe und sekundäre Pflanzenstoffe, die eine entscheidende Wirkung bei der Bildung von Glückshormonen haben. Der Hüttenkäse enthält wichtige Glücksvitamine, darunter insbesondere Aminosäuren. Die leichte Säure des Hüttenkäses und die aromatischen Geschmacksrichtungen der Obstsorten beleben Körper, Seele und Geist. Den letzten Kick gibt das Bittere in der Grapefruit.

Putengeschnetzeltes mit Orangen-Limettensauce, Sesamreis und Haselnuss-Broccoli

Zutaten
150 g Putenbrust
1 TL Walnussöl
½ Tasse Orangensaft
1 TL Limettensaft
etwas Zuckerrübensirup
1 Pr. Salz
weißer Pfeffer
wenig Paprika edelsüß
2 EL Frischkäse
75 g Natur- oder Wildreis
1 EL Sesamsamen
200 g Broccoli
1 Pr. Salz
2 EL Haselnüsse

Zubereitung

Die Putenbrust in Streifen schneiden und in heißem Öl kurz von allen Seiten anbraten, mit dem Saft ablöschen, würzen und abschmecken und die Sauce mit dem Frischkäse legieren. Den Reis bissfest kochen, den Sesam in der Pfanne ohne Öl kurz bräunen und mit dem abgetropften Reis mischen. Den Broccoli bissfest garen. Die Haselnüsse hacken und in der Pfanne ohne Fett kurz anrösten. Den Broccoli damit vermischen. Die Kohlenhydrate in diesem Essen werden langsam freigesetzt und gewährleisten die Bildung von Serotonin. Durch die Kombination von wertvollem Protein aus der Pute und Kohlenhydraten aus der Orange und dem Reis gelangt die Aminosäure Tryptophan optimal ins Gehirn und hier kann Serotonin gebildet werden. Das macht glücklich!

Mit Chili, Kakao und Limette ins Glück

Chili

Chili gehört zur Gattung der Paprika. Das Nachtschattengewächs ist eine kleine scharfe Frucht. Allein beim Gedanken daran spüren viele Menschen schon die Schärfe im Mund. Verantwortlich für die Geschmackswahrnehmung „scharf" ist bei Chilis die Substanz Capsaicin, die aus der normalen Paprika weitgehend herausgezüchtet wurde. Aber in Peperoni kommt sie genauso wie in Chilischoten reichlich vor. Botanisch gesehen, ist die Chilischote eine Beere, die ursprünglich in Süd- und Mittelamerika beheimatet war. Chili enthält reichlich Vitamin C, Carotinoide und Anthrocyane. Das Capsaicin reizt die Geschmacksnerven der Zunge in besonderem Maße und macht regelrecht wach, vital und setzt entscheidende Impulse. Wohldosiert kann ein mit Chili gewürztes Gericht zum Wohlbefinden beitragen. Besonders anregend ist die Kombination aus scharfem Chili und Süße.

Kakao

Als Kakao oder Cacao bezeichnet man die als Kakaobohnen bekannten Samen des Kakaobaumes und das daraus hergestellte Pulver. Es dient insbesondere der Herstellung von Schokolade und des Getränks Kakao, der heute aus Kakao, Zucker und Milch besteht. Ursprünglich wurde der Kakaobaum in Mittelamerika angebaut. Den Azteken war der Kakao heilig und sie nutzen ihn sogar als Zahlungsmittel. Sie bereiteten daraus auch ein anregendes Getränk zu, das sie *Xocóatl* nannten. Sie stellten ihr Getränk aus Wasser, Kakao, Mais, Vanille und schwarzem Pfeffer her. Kakao enthält Theobromin, Koffein, Anandamid und Salsolinol. Theobromin stimuliert das zentrale Nervensystem, Koffein wirkt anregend und Anandamid hat ebenso eine anregend Wirkung. Schon geringe Mengen Kakao haben eine euphorisierende Wirkung. Mit einer winzigen Prise Chili und leicht gezuckert wird das Kakaogetränk zu einem Ereignis für unsere Geschmackswahrnehmung.

Limette

Die Limette gehört zur Gattung der Zitrusfrüchte. Sie ist die Frucht des Limettenbaums und wird auch Limone oder Limonelle genannt. Das stammt aus dem arabischen Wort „Laimun" für Zitrone. Die echte Limette ist kleiner und aromatischer als die gewöhnliche Limette. Die Schale der Limette ist reich an wunderbar duftenden aromatischen Ölen, die für Wohlbefinden und Wärme sorgen. Die verschiedenen Inhaltsstoffe der Limette wirken antiseptisch, hautstraffend, desodorierend, entzündungshemmend, erfrischend, konzentrationsfördernd und belebend. Das wohl berühmteste Getränk, das mit Limetten hergestellt wird, ist der brasilianische Cocktail Caipirinha. Die Limette enthält reichlich Fruchtsäuren und Aromen aber wenig Zucker. Limetten enthalten einen aromatisch spritzigen Saft. Dieser setzt einen echten Push auf die Geschmackszellen der Zunge und belebt den ganzen Körper. Außerdem enthält die Limette viele wertvolle Vitalstoffe wie Vitamin C.

Glückstag

7

Einen Glückstag zu erleben, müssen Sie nicht dem Zufall überlassen und auch nicht auf das nächste Wochenende verschieben. Es gibt viele kleine Dinge, die wir in den Alltag einbauen können. Und gerade da brauchen wir sie – Dinge, die uns erfreuen, die unseren Alltag versüßen und uns ein Stückchen glücklicher machen. Ein Glückstag im Alltag ist unmöglich? Im Gegenteil! Sie müssen es nur tun. Er besteht nur aus Dingen, für die Sie nicht zuerst eine neue Fähigkeit lernen oder Gewohnheiten wahnsinnig umstellen müssen.

Planen Sie noch in dieser Woche einen Glückstag ein!

Morgens lassen Sie sich mit schöner Musik wecken – es gibt CD-Player, die eine Weckfunktion haben. Wenn Sie so ein Gerät nicht zur Verfügung haben, legen Sie am Abend vorher Ihre Lieblings-CD in die Stereoanlage, und unmittelbar nach dem Weckerklingeln drücken Sie den Play-Knopf.

Treten Sie ans offene Fenster oder auf den Balkon und atmen Sie tief die frische Luft ein. Atmen Sie fünfmal hintereinander ganz genussvoll ein und aus.

Nutzen Sie aromatische Duschgels, so dass Sie mit allen Sinnen wach werden. Verwöhnen Sie Ihre Haut mit Cremes, und massieren Sie sie intensiv ein.

Suchen Sie sich für diesen Tag Ihr Lieblingsparfüm aus, das Sie erfreut, belebt und herrlich duften lässt. Ein angenehmer Duft ist ein wunderbarer Spritzer gegen jeden Büromief.

Kochen Sie sich einen Pfefferminztee als frischen Start in den Tag. Ein erfrischender Wachmacher ist auch ein Glas Wasser mit einem Schuss Zitrone.

Gehen Sie zu Fuß zu Ihrer Arbeit oder nehmen Sie das Fahrrad. Wenn der Weg zu weit ist, steigen Sie eine Haltestelle früher aus Bus oder Bahn aus oder fahren mit dem Auto nicht bis ran an die Arbeitsstelle, auf diese Weise kann immer noch ein Stück zu Fuß gegangen werden und Sie können Ihre Lebendigkeit spüren, frische Luft tanken, Sauerstoff aufnehmen, wach werden und Kraft sammeln.

Denken Sie während Ihrer Arbeit an Pausen und tanken Sie auch wieder frische Luft, essen Sie einen Apfel und bewegen Sie sich, vor allem, wenn Sie viel sitzen müssen, strecken und dehnen Sie sich. In der Mittagspause sollten Sie sich etwas Gutes zu essen gönnen, etwas, das nicht schwer im Magen liegt. Wenn Sie den Glückstag vorbereiten, können Sie eines von den Glücksrezepten zubereiten und dabeihaben.

Nehmen Sie sich jeden Tag etwas vor, worauf Sie sich freuen können, von dem etwas Zauber auf den tristen Alltag oder auf unangenehme Aufgaben abstrahlen kann – ein leckeres Essen, ein schönes Hobby, ein Treffen mit Freunden, ein Tagesurlaub im Schwimmbad oder in der Sauna.

Verbringen Sie Zeit mit sich selbst – eine halbe Stunde am Tag gehört ausschließlich Ihnen. Hören Sie Ihre Lieblings-CD, hören Sie Musik, die Sie aufmuntert oder tröstet, die Ihnen gut tut. Empfehlen kann ich Shaina Noll „Songs for the Inner Child" oder auch Musik von Loreena McKennitt.

Lesen Sie nicht nur, um sich zu informieren, sondern schmökern Sie genussvoll in einem schönen Roman.

Malen Sie ein Bild in Ihrer Lieblingsfarbe.

Machen Sie ein leichtes Gymnastikprogramm.

Nehmen Sie ein Schaumbad mit aromatischen Ölen.

Abends können Sie etwas Leichtes essen – Salat ohne Mayonnaise oder fetten Käse und Schinken, frisches Obst, Rohkost. Mit schwerem Magen schläft es sich auch schwerer und unruhiger.

Lüften Sie Ihr Schlafzimmer gut.

Eine halbe Stunde bevor Sie ins Bett gehen, schalten Sie Ihren Fernseher und Computer aus, und machen Sie nichts Belastendes oder Anregendes mehr. Ihr Körper und Ihre Seele sollen abends zur Ruhe kommen und nicht noch gepuscht werden. Trinken Sie in dieser halben Stunde einen Tee – in Drogeriemärkten gibt es „Gute-Nacht"- und „Guten-Abend"-Tee oder kochen Sie sich einen einfachen Kamillentee. Machen Sie sich eine Kerze dazu an und nehmen Sie ein Duftöl – abends ist Lavendel beruhigend und angenehm.

Schreiben Sie Ihre Gedanken des Glückstages in ein Heft, das Sie neben sich auf den Nachttisch legen, so haben Sie Ihr Schreibzeug griffbereit, wenn Sie sich Ihre Träume notieren wollen. Und nun: Schlafen Sie gut und merken sich in Gedanken schon den nächsten Glückstag vor.

10 kleine Glückstipps

1. Trinken Sie jeden Tag 2 Liter Wasser.

2. Jeden Tag einen Apfel und eine Orange essen.

3. Zwanzig bis dreißig Minuten am Tag gehören nur Ihnen!

4. Atmen Sie morgens und in Pausen tief am offenen Fenster.

5. Jeder Schritt hält fit – machen Sie so viel wie möglich zu Fuß.

6. Lächeln Sie im Bus, im Supermarkt, im Büro anderen Menschen zu – es wirkt auf Sie zurück.

7. Führen Sie Tagebuch, in dem Sie Ihre Gedankenflut loslassen können.

8. Kaufen Sie sich jede Woche eine rote Rose.

9. Hören Sie auf Ihre innere Stimme, die weiß sehr genau, was Sie brauchen!

10. Werden Sie aktiv und handeln Sie für Ihr Glück!

Rat und Tat

Adressen

Vitalogic Dr. Spona Vertriebsges.m.b.H
Czerningasse 10
A 1020 Wien
Tel.: +43-1-877 91 53
Fax: +43-1-8779153 9
e-mail: info@vitalogic.net
www.vitalogic.at

www.svendavidmueller.de
Ernährungsinformationen

www.almutcarlitscheck.de
Entspannung

www.urselneef.de
Entspannung

www.dge.de
Deutsche Gesellschaft für Ernährung

www.yoga-in-refrath.de
Entspannung

www.circadian.de
Psychosynthese

www.communio-essen.de
Kommunikation

www.dhgd.de
Gesundheitsförderung

www.vitaspur.de
Ernährungsinformationen

Lesetipps

Cameron, Julia: Der Weg des Künstlers. Ein spiritueller Pfad zur Aktivierung unserer Kreativität. Knaur, München, 1996

Hoffmann, Dr. Bernt: Handbuch Autogenes Training. dtv, München 2002

Mettler-von-Meibom, Barbara: Wertschätzung. Wege zum Frieden mit der inneren und äußeren Natur. Kösel, München, 2006

Roos, Theo: Philosophische Vitamine. Die Kunst des guten Lebens. Kiepenheuer & Witsch, Köln, 2005

Schulz von Thun, Friedemann: Miteinander Reden 1 bis 3. Rowohlt, Hamburg 1981 bis 1998

Schweppe, Ronald P.; Aljoscha A. Schwarz: Urlaub auf der Seeleninsel. 99 Kurztrips nach innen. Kösel, München, 2003

Seligman, Martin: Pessimisten küsst man nicht. Optimismus kann man lernen. Knaur, München, 1991

Till, Marietta: Die Heilkraft des Atems. Goldmann, 1994

Watzlawick, Paul: Anleitung zum Unglücklichsein. Piper, München, 1983

Autoreninfo

Sven-David Müller-Nothmann – am 13. September 1969 in Braunschweig geboren – war zehn Jahre als Diätassistent und Diabetesberater an der Universitätsklinik Aachen beschäftigt. Heute lebt er in Berlin und leitet hier das Zentrum für Ernährungskommunikation und Gesundheitspublizistik (ZEK). Hier haben sich Ernährungswissenschaftler, Diätassistenten sowie Natur- und Geisteswissenschaftler zusammengeschlossen und beraten Patienten, Institutionen, Unternehmen und stehen den Medien als kompetente Ansprechpartner zur Verfügung. Durch seine Bücher, Vorträge und Seminare sowie Auftritte in den Medien ist Sven-David Müller-Nothmann als Diät- und Ernährungsexperte im deutschsprachigen Raum und auch darüber hinaus bekannt. Er beschäftigt sich in seinen Büchern und Artikeln mit den Themen Übergewicht, Ernährung bei Erkrankungen des Stoffwechsels und setzt sich mit den Fragen einer gesundheitsfördernden Ernährungsweise und den Risiken von Diäten auseinander.

Er sucht nach Wegen, die Lebensmittel auch in therapeutischer und emotionaler Hinsicht nutzbar zu machen. So hat er sich auch mit der Auswirkung von Lebensmitteln auf die Psyche und das Glücksempfinden beschäftigt. Seit Oktober 2003 moderiert Sven-David Müller-Nothmann das Fernsehmagazin GesundZeit in Leipzig (www.leipzig-fernsehen.de). Als Ernährungsberater unterstützt er die Leser und Redaktionen der Zeitschriften *Fit for fun*, *Frau von heute*, *Illu der Frau*, *Mini*, *InTouch* sowie *Frau mit Spass*. Er ist erster Vorsitzender des Deutschen Kompetenzzentrum Gesundheitsförderung und Diätetik e.V. (www.dkgd.de) und wurde 2005 für seinen ehrenamtlichen Einsatz in der Ernährungsaufklärung mit dem Bundesverdienstkreuz ausgezeichnet.

Almut Carlitscheck – am 29. Mai 1979 in Köln geboren – hat an der Universität Köln Erziehungswissenschaften mit Schwerpunkten Kommunikation, Erwachsenenbildung und Philosophie studiert und mit dem Diplom abgeschlossen. In ihrer Diplomarbeit im Fach Psychologie bei Professor Dr. Johannes Wickert beschäftigte sie sich mit der Frage, ob die Entwicklung des Selbst Voraussetzung oder Hindernis einer Begegnung mit anderen Menschen ist. Dabei spielten die Themen Selbstvertrauen, Selbstentwicklung und Selbstliebe eine bedeutende Rolle. Das Ergebnis war, dass Menschen, die „sich selbst nicht kennen und mögen, mit anderen Menschen" keine Beziehung eingehen können. Menschen, die ohne Beziehung zu sich selbst und anderen leben, sind oftmals unglücklich. Vor diesem Hintergrund beschäftigt sich die Diplom-Pädagogin mit der Bedeutung und Förderung des Glücks und hat in ihrer Ausbildung zur Entspannungspädagogin bei der anerkannten Trainerin und Sozialwissenschaftlerin Ursel Neef in Wuppertal die Gedanken der Selbstfindung weiter verfolgt. Um die Techniken der Beratung zu intensivieren hat Almut Carlitscheck am Institut für angewandte Psychosynthese in Bergisch-Gladbach eine zweijährige Ausbildung zur Psychologischen Beraterin absolviert.

Sie lebt in Berlin und leitet hier ihre Praxis für psychologische Beratung, Stressmanagement, Krisen- und Lebensberatung. Die Entspannungspädagogin bietet Autogenes Training und Meditation in Kursen an, führt Einzel-, Paar- und Gruppenberatung durch und ist als Coach für industrielle Unternehmen tätig. Ehrenamtlich engagiert sich Dipl.-Päd. Almut Carlitscheck im Deutschen Kompetenzzentrum Gesundheitsförderung und Diätetik e.V. (www.dkgd.de) und hat hier ein Vorstandsamt inne. Sie ist auch journalistisch tätig und publiziert in der Kölnischen Rundschau regelmäßig ihre Kolumne zu Entspannung und Stressabbau im Alltag. Sie hat im Fachbuch Praxis der Diätetik und Ernährungsberatung das Kapitel „Psychologie der Beratung und Grundlagen der Kommunikation" verfasst. Außerdem hat sie an der Fachpublikation „Jugend, Mode, Geschlecht – Inszenierung des Körpers in der Konsumkultur" mitgewirkt und das Kapitel „XXS trifft XXL" verfasst.